U0093923

一生一定要帶 她 去的城市之旅

上海
慢慢玩

ShangHai

典馥眉 / 金城妹子—著

上海最適合這樣玩

到上海旅遊，有許多好吃、好玩的地方，為了怕有疏漏，可以粗分為五大面向，來一一認識上海這個國際大城市。

第一種方式：隨意在街上走晃。看看當地的當代生活狀況，也可以隨興走進一些小店挖寶、挖樂趣。

第二種方式：透過「非物質文化」，用味蕾品味一個城市。所謂「非物質文化遺產」，通常是指流傳多年的餐館，或是在當地人心中歷久不衰的美食與小吃，也有相傳已久的特殊技藝。

第三種方式：參訪該城市裡最著名的「博物館」。不管是收藏許多文化精粹的博物館，還是其他種類博物館，都可以挑一些自己感興趣的博物館進入挖寶。例如，到蘇杭，就會讓人忍不住想跑一趟蘇繡博物館……等等。

第四種方式：欣賞「外灘建築」。如果說米蘭用「米蘭大教堂」來寫出史詩般的壯闊與燦爛，那麼上海就是用「外灘

建築」，來娓娓道出舊上海的歷史滄桑與物換星移。

第五種方式：了解上海為人所津津樂道的「歷史名
人」。像是孫中山、毛澤東、魯迅、李鴻章、張愛玲……等
等，族繁不及備載。

想要一窺浩浩蕩蕩兩千年的歷史風華，只要掌握三大城
市，便可在茫茫歷史中，輕鬆抓住中國歷史三條主要動脈。

兩千年文化看西安，
一千年文化看北京，
一百年文化看上海。

本書由深入淺出的方式，以說故事的口吻，將硬梆梆的文
化精粹，化身為活靈活現的歷史趣味。有鑑於旅遊天數上的限
制，本書篩選再篩選，從眾多景點中，挑選出最拔尖、最具代
表性的景點，一一給予詳盡介紹。

Preface

誰說旅遊書都一樣？

看完第一個景點到最後一個景點，大腦裡只殘存一些模糊又依稀的片段，甚至無法決定到底要不要去那個景點？這本書中，不但請出古代四大人物（美食達人楊貴妃、勤學君王李世民、精打細算王熙鳳、聲勢浩大秦始皇），幫我們一起做判斷，還包含引導每位讀者如何欣賞博物館裡的作品。

最後，感謝媽咪、金城妹子、對這次旅行提供許多寶貴建議與提醒的率真田皓、帶我們到上海各處玩得不亦樂乎、夜夜笙歌的美麗葳葳（謝謝妳的慷慨以及溫柔的陪伴，還有始終香氣迷人的家），以及葳葳每一位善良又可愛的同事們（謝謝你們熱情又體貼的陪伴與分享）、甜美分享許多精妙景點與私房餐廳的慧詩（謝謝妳知道馥眉愛喝茶，還傳來一間那麼棒的店）、張慶國老師、謝謝育慈在出國期間，幫妹子繳了帳單……等等。

謝謝曾經給予馥眉和妹子協助的每一個人、謝謝每一位可愛的讀者，也謝謝讓馥眉和妹子擁有許多快樂時光的朋友們，更謝謝張先生，以及所有業務部同仁們。謝謝你們為這本書的付出！謝謝你們！

Contents

Contents

魅力上海──食篇　183

Contents

魅力上海──住宿&交通篇 205

Chapter 01

城市概要──上海
用一百年時間
璀璨出來的國際大城

與北京相對而言，上海儼然已經完全蛻化成國際化的大城市。

上海城高樓林立、街道寬敞、人車行進的速度沖淡了最後一丁點古味，再加上，上海本來就是商業大城，文化底蘊相較於北京這種飄揚著文化大旗的城市，本身先天不足，後天又極力擠身成為國際大城市，自然永遠都少了那麼一份歷史沁入人心的餘味。

上海雖然演不了歷史古裝劇，卻是最棒的大時代轉變劇，多少動亂與革新、多少近代才子佳人的悲歡離合、多少人來了又去、多少人又一去不回頭。

這裡也許沒有上千年的文化精粹，但談及中國近百年歷史，上海絕對無法缺席，這也是許多電影跟電視劇，例如：2046、色·戒、聽風者、金大班的最後一夜、上海灘、她從海上來……等等，頻頻以上海為影片背景的主要原因。

上海位在長江三角洲的沖積平原上，地理位置重要，也帶出許多名人故事在此輪番上演，像是孫中山、毛澤東、魯迅、李鴻章、張愛玲……等等。

到上海旅行，消費偏貴，不過交通很方便，坐地鐵可以

抵達機場。上海城是個很適合用步行來旅行的城市，不可錯過的重要景點全囊括在以下三部分，只要把以下三部分走過一遍，便能輕鬆掌握上海概貌。

第一，首先最具代表的就是「外灘」！

外灘這裡包括「萬國建築群」、對面高樓林立的「陸家嘴」、連接東西兩岸的「外白渡橋」，還有藏身在萬國建築群裡的眾多美味餐廳。

第二，「淮海路」與「南京路」

在上海一定要認得兩條路：**淮海路**與**南京路**，以「人民廣場」為中心點，南京路在上，淮海路在下，以方位來分，東邊是南京東路、西邊便是南京西路了。

淮海路這條路因為很長，又可以分為前段、中段、後段，景點比較集中在中段上，所以淮海中路是比較常用到的路名。

從地圖上我們會發現，幾乎八成以上的景點，都是延著這兩條街而生，就算不拿地圖，只要延著這兩條街輕鬆的散步，也能將上海的歷史走上一遍了！

第三，四大散步區塊

在大地圖上，用顏色標記了不同區塊，對照著散步路線的顏色，可以輕易的知道自己位在上海的大致位置！

另外，每一區也都有自己的屬性，像黃區的人民廣場，是上海的中心，咖啡色區域有許多老店，紅色的靜安區是以前的法租界，多倫路是上海眾名人集結之區，有「一條多倫路，百年上海灘」之美名，都非常值得一逛。

Chapter 02

上海的
那些故事

1840年鴉片戰爭戰敗後，1844年外灘成為英國租界，英商在此設立洋行，慢慢的，洋行開始聚集，形成今天此區建築的多樣面貌；在上海，河流上游叫『裡』，下游為『外』，這兒是黃埔江下游，於是『外灘』之名，開始在歷史流傳…

Jean Georges
4樓－法國菜
021-63217733
黃浦會
5樓－中國菜
021-63213737

東京和食
2樓－日本
021-633♢
天地一家
3樓－中國
021-632♢

外灘1號
1916年建造
現為上海太平洋保險公司
(原為亞細亞大樓)

外灘3號
1916-1918年建造
原為有利銀行

外灘6號
1897年建♢
元芳大樓
(原為中國♢

延安東路

廣東路

中山東一路

外灘2號
1910年建造
華爾道夫酒店
原為英國總會、
上海俱樂部

夜上海~夜上海~
妳是個不夜城~

外灘5號
1925年建造
華夏銀行
原為日清大樓

外灘♢
1907♢
盤♢
原為♢

M' on the Bund
7樓－法國菜
021-63509988
Moonsha
3樓－法式鐵板燒
021-63231117

當年的上海俱樂部可是最豪華的俱樂部，就連王家衛導演的《2046》也曾在此取景！

銀♢
盤由♢
在盤是♢
金牛家♢
雕塑阿♢
蒂卡先♢
也是在♢
金牛的製♢

外灘15號的這棟三層建築，外觀簡單不落俗套，正面設計講求對稱，2到3層有愛奧尼克柱，下方嵌弧形窗，上方是角窗，一圓一方，設計獨特，而內部的裝潢更是享譽外灘，樓梯是大理石，2樓牆壁有雕刻、彩色玻璃，往上更有美麗的屋頂與迴廊，大樓原為華俄道勝銀行所有，在1926年後，將之出借給孫中山先生創立的國民黨中央銀行，所以人們也叫它「中央銀行大樓」，這裡也是上海第一棟使用電梯的建築喔！

菜
779

菜
333

通商銀行)

外灘13號
1927年建造
現為上海海關
(原為江海北關)

外灘15號
1901-1905年建造
中國外匯交易中心
原為華俄道勝銀行

福
州
路

三
號
口
名
路

九
江
路

7號
年建造
銀行
大北電報

外灘10~12號
1923年建造
上海浦東發展銀行

外灘14號
1947年建造
上海市總工會

行前方的外灘
籍的義大利
圖維.迪.莫
作，他同時
國金融華爾街
作者！

一定要走進去瞧瞧！外觀以新古典主義，上半部為新希臘風格，內堂大廳穹頂是八角形，依形所鑲的八幅鑲拼壁畫，是由幾十萬塊，每塊僅有幾平方厘米的馬賽克鑲拼而成，相當美麗，每幅畫以大樓的前身：匯豐銀行，設有分行的八個城市為主題，你認的出上海是哪幅嗎？另外門口的大銅獅更是珍品中的珍品，現場的是再製品，原有雙獅已成上海歷史博物館的藏品。

15

運用文藝復興的對稱與和諧為主，層次分明的材料為輔，外觀分為三部分，上半部兩側有美麗的拱形窗、優雅條線的塔頂，中部為水泥粉刷，下半部則用粗版石塊為面材，設計優美、層次豐富

頭上四方的飛簷頂，坎上綠瓦、外牆面鑲金山石，大廳天花雕八仙過海，在一片歐風為主的外灘，此樓完全展現了新式中國建築的一面。

外灘19號
1906年建
和平飯店南樓
藝術中心

外灘17號
1921年建
友邦大廈

外灘23號
1937年建
中國銀行

外灘26號
1918-1920
中國農業銀

九
江
路

南
京
東
路

滇
池
路

中山東一路

外灘18號
1922年建
春江大樓
原麥加利銀行

外灘20號
1929年建
和平飯店北樓
原為沙遜大廈

外灘24號
1924年建
中國工商
銀行

外灘27號
1920年建
上海外貿
原為怡和

外灘16號
1924年建
招商銀行
原台灣銀行（日）

Sibilla Bou-
tique Café
1樓—法國菜
021-63299338

和平飯店分南樓和北樓，
樓」的美譽，請多看幾眼
片）在這裡成立，還有孫
此召開大會！頭上的綠色
對許多上海人來說，那是

16

這是一棟折衷主義風格的大樓，以鋼筋混凝土結構建成，外層方層次的面材料，一至二層為岩石，三至五層為磨石子，六樓層有愛奧尼克式柱，頂樓則有孟沙式屋頂。

世紀大道1號
高468米
東方明珠廣播
電視塔

世紀大道2號
高420米
金茂大廈

外灘29號
1914年建
中國光大銀行
原為法國東方
匯理銀行

北蘇州路2號
1930-1934年建
上海大廈
原為百老匯大廈

建
行

蘇
州
河

黃
浦
江

北
京
東
路

外灘28號
1922年建
上海廣電集團

外白渡橋
1907年建

濱江大道2727號
上海國際會議中心

世紀大道100號
高492米
上海環球金融中心

大樓
行

因為內裝講究，故有「遠東第一
南樓，不止因為萬國禁煙會（禁鴉
山先生任臨時大總統時，便是在
角形屋頂，在顯少高樓的當年，
外灘最重要的地標！

傷心的歷史……

超級大樓比一比

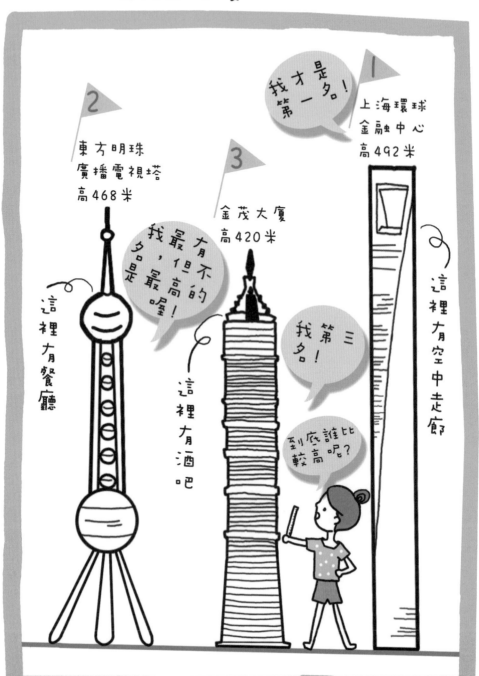

Chapter 03

上海
散步路線圖

老上海最重要的兩條街……

以人民廣場為中心，北有南京路，南有淮海路；南京路往東可以通往美麗的外灘、東方明珠，南京東路步行街更是老上海開埠以來，最早建立的商業街，在那個年代，這裡可說是繁華與時髦的代名詞！往西是南京西路，直直的往西走，完全不用看地圖，在這條街上，除了摩登的商業大樓，你還會遇見美麗的老建築－上海美術館（舊館）、凱司令西點店（1001號）、老弄堂靜安公寓，在盡頭的靜安區，你會遇見張愛玲、百樂門、蔡元培！

文化的、宗教的、紙醉金迷的，全在此區匯流！

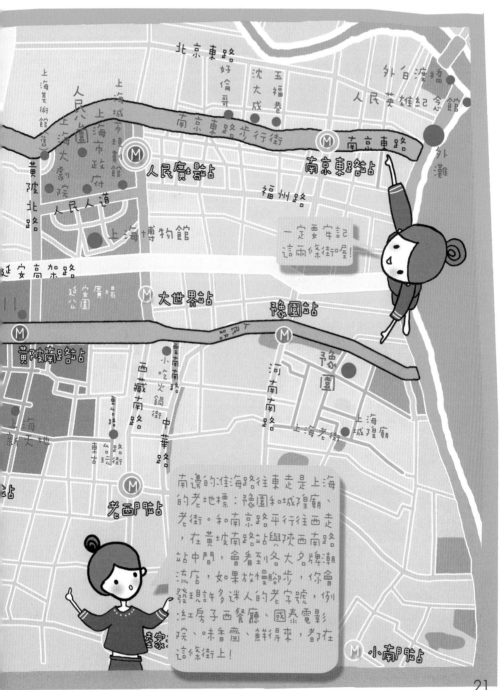

一定要牢記這兩條街喔！

南邊的淮海路往東走是上海的老地標：豫園和城隍廟、老街。和南京路平行往西走，在黃坡南路站與陜西南路站中間，會看到各大名牌潮流店，如果放慢腳步，你會發現許多迷人的老字號，例如紅房子西餐廳、國泰電影院、味香齋、鮮得來，都在這條街上！

歷史的百年風華與未來的百年前景

曲阜路站

天潼路站 Ⓜ

外白渡橋

人民英雄紀

吃天利館

北京東路

南京東路 外灘

黃浦江

假日下午
來公園看奇特的
「賣女兒」大會
(相親大會)

好倫哥

沈大成

福州路

沈大成

南京東路步行街

南京東路站 Ⓜ

上海
美術館(舊)

人民公園

人民廣場站 Ⓜ

上海
市政府

上海城市規劃館

上海
大劇院

人民大道

豫園 Ⓜ 豫園

上海博物館

上海
城隍廟

上海老街

延安高架路

延安中路

延安廣場

大世界站 Ⓜ

十六
鋪

小吃火鍋街

中華路

河南南路

KII

黃陂南路站 Ⓜ

東台路古玩街

淮海中路

上海
新天地

老西門站 Ⓜ

5號出口的古玩街相
當值得逛逛,如果沒有要
買,不要出價,另外說不
定會遇見賣夢幻豆花的
婦人!

新天地站 Ⓜ

小南門站

東方明珠塔
觀光＋遊船：180元
A票220元　B票160元
C票120元　旋轉餐廳
午餐288，晚餐318元
(含B票項目)

東方明珠塔

陸家嘴站
M

上海博物館
門票：免費
時間：9:00-17:00
上海城市規劃館
門票：30元
時間：9:00-18:00

豫園
門票：旺40元／淡30元
時間：8:30-17:30
上海城隍廟
門票：10元
時間：8:30-16:30

「人民公園」是整個
上海市的中心，延著最繁華的南
京東路步行街→外灘→東方明珠→
豫園→城隍廟，或是到雲南南路吃小吃
，東台路找古董，接著到新天地血拼，
別忘了陋巷珍饈—鮮得來&味香齋，是
讓上海人排隊也甘願的好味道！

好倫哥(吃到飽)
時間：午餐10:30~14:30
　　　晚餐17:00~21:30
雲南南路
時間：較屬於夜市性質
有許多海產火鍋店
也有串燒店！

人民英雄紀念館
門票：免費
時間：一至五9:00-16:30
上海大劇院
門票：50元
時間：09:00 - 11:00

老碼頭區
有點像我們的華
山藝文特區，這
裡有許多的餐廳

M
王家碼頭路

老碼頭

23

人民廣場
散步路線

東方明珠塔

陸家嘴站
M

景點的紅點愈大，代表愈重要喔！現在換你來製作專屬於你的旅遊筆記吧！

王家碼頭路

老碼頭

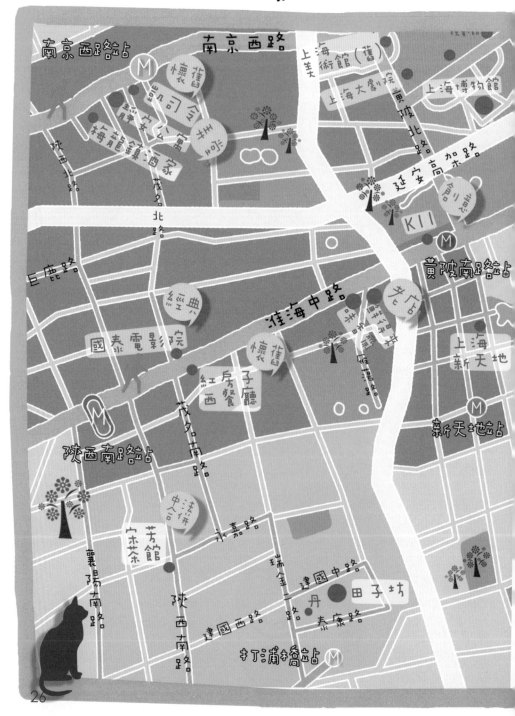

凱司令
時間:9:30-21:00
地址:南京西路1001號

上海美術館(舊)
時間:外觀全天
地址:南京西路325號

鮮得來
時間:白天至晚上
地址:雁蕩路9號

味香齋
時間:白天至晚上
地址:雁蕩路14號

紅房子
時間:11:00-22:00
地址:淮海中路845號

K11
時間:中午至晚上
地址:淮海中路300號

丹(田子坊內)
時間:8:00-22:00
地址:泰康路248弄41號

宋芳(茶館)
時間:10:00-19:00
地址:上海永嘉路227號

田子坊是上海幾處舊有空
間再利用的成功例子。充
滿時代味道的老建築,注
入當代的藝術與活力,這
裡有許多特色小餐廳,與
文創商店、畫廊,無疑的
,已經成為上海最受歡迎
的景點之一!

是個買
紀念品
的好地方!

一張尋找老店的藏寶圖...... 自用筆記頁

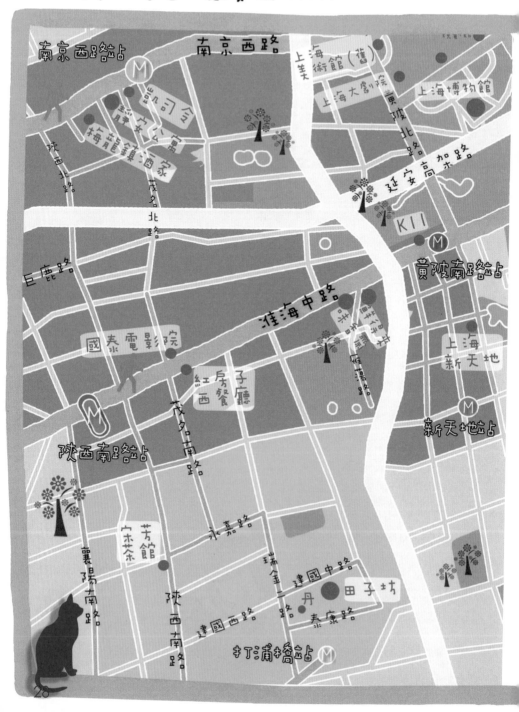

老上海
散步路線

紅點愈大代表愈值得一遊
或一吃，在散步途中，你
還發現了哪些美味或小店
呢？把旅行的回憶也一起
記錄下來吧！

是個買
紀念品
的好地方！

法租界的美麗與哀愁......

從南京東到南京西路，這條街很長、很老、很美，也是見證上海從古到今，從舊到新的一條街。所有的故事到了靜安區這裡，得到一個寧靜的落腳處，隱藏在一個個古老的弄堂裡，等待有心人發現它！

靜安區散步路線

靜安寺

門票：20元
初一、十五免費
時間：
平時 7:30-17:00
香期 4:30-17:00

百樂門大舞廳

茶舞13:00-16:30，
週一～週五40元
週六、日80元（含茶水）
香檳舞16:40-20:00
低消100/位
晚舞20:20~00:30
低消258元/位

窩（弄堂裡最底端）

地址：巨鹿路786弄66號
1樓（近富民路）
電話：021-52123950
假日不接受預訂

蔡元培紀念館

門票：免費，周一休
時間：9:00-11:30
　　　13:00-16:30
地址：華山路303弄16號

張愛玲故居－常德公寓

門票：只能外觀
時間：建議白天
地址：常德路195號

靜安區
散步路線

在巨鹿路有許多可愛又獨特的小店喔，把它記錄下來吧！

最甜蜜的一條路‧甜愛路的傳說…

相傳有一個財主，他的女兒名叫田愛，聰明美麗，而田家裡（有一）個放牛的青年，名叫祥德，勤勞聰明，兩人一起長大、日久（生）情，成為一段佳話。於是有了甜愛和祥德兩條路互伴，而古（今）中外的情詩也被題（在）道路兩旁的牆上，繼續傳唱、歌頌！這也讓許多情侶喜歡手（牽）手來此散步！

多倫路
散步路線

何謂多倫路文化名人街?

多倫路不長，只有五百多米，但小路蜿蜒、曲徑通幽，路面以石塊鋪成,兩邊洋樓多是雅商、書攤，並住著許多中國近現代史上重要的文化名人:魯迅、郭沫若、馮雪峰、白崇禧及日本人內山完造等,還有台灣作家——白先勇的童年，就是在多倫路210號的公館裡度過!一條小街上住這麼多名人實在罕見，多倫路並不難找，因為在四川北路與多倫路的連接處,立著一道石庫門風格的牌樓，上方頂著:多倫路文化名人街!

魯迅紀念館
時間:9:00-16:00
門票:免費，領票參觀
地址:甜愛路200號

魯迅故居
時間:9:00-17:00，16:00
停止入館，週一休
免費入館日：5月18日
門票:8元，學生半票
地址:山陰路132弄8號

在甜愛路上有一個非常特別的郵筒，地面上有兩個愛心，如果從這個郵筒寄出明信片的話，會收到愛心形狀的郵戳喔!

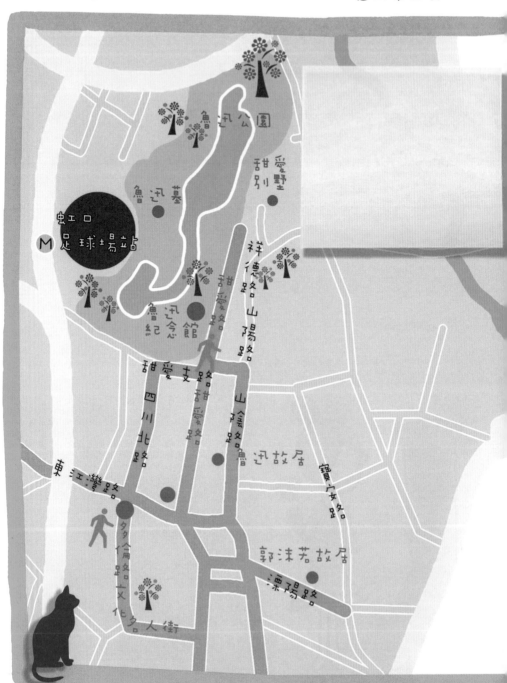

多倫路
散步路線

你找到郵筒了嗎？或是特別喜歡哪一首情詩吧？把它抄下來送給自己喜歡的人吧！

可以嘗試在此處黏上
自己去旅遊所拍攝的照片
並寫下當時難忘的記憶

隨手小品：

可以嘗試在此處黏上
自己去旅遊所拍攝的照片
並寫下當時難忘的記憶

隨手小品：

可以嘗試在此處黏上
自己去旅遊所拍攝的照片
並寫下當時難忘的記憶

隨手小品：

可以嘗試在此處黏上
自己去旅遊所拍攝的照片
並寫下當時難忘的記憶

隨手小品：

可以嘗試在此處黏上
自己去旅遊所拍攝的照片
並寫下當時難忘的記憶

隨手小品：

Chapter 04

魅力上海
行前準備篇

1.機票──時間V.S金錢──用機票省錢！

台灣飛上海的方式有很多種，可以從松山機場飛，也可以從桃園機場出發，再牽涉到直飛、轉機、機場交通，哪個近哪個遠等問題，最後是不是常常搞的頭昏腦脹！

經過作者的比較，發現以下兩種機票價格居然差不多，但可以安排的路線和玩法卻天壤地別，旅行方式沒有絕對的優劣，只有適不適合自己，以下是作者分析的兩種飛法，大家可以依自己的需求做選擇。

一、長時間假期的人：除了上海還想去別的城市，以北京＋上海為例。

選擇轉機：去程──▶桃園機場──▶香港轉機──▶北京。回程──▶上海──▶香港轉機──▶桃園機場。

飛行時間：去程約7.5小時（含轉機）。回程約5小時（含轉機）

優　　點：一張機票玩兩個城市，省下行程走回頭路的交通時間、車費，也等於省了一張機票錢！

二、短時間假期：只去上海一個目的地。

選擇直飛：台北松山機場 ⟶ 上海。

飛行時間：約莫2小時

優　　點：省桃園機場的來回兩小時，還有轉機要多花的三小時，還可以省下到桃園機場的來回交通費（客運來回300元，計程車來回2,000元）

2.絕對不能忘記的──
用信用卡刷機票，省接機和保險費！

你還在用現金買機票或付團費嗎？趕快停止這樣浪費的行為！因為用信用卡刷機票，不但享有旅遊不便險、機場免費接送，還能快速累積哩程、紅利點數，有的信用卡甚至還能減免團費。

心動了嗎？那還不快打電話詢問銀行，用哪張卡刷機票最划算！

3.台胞證就交給旅行社吧！

申辦護照可以自己辦理，但台胞證可不行！因為台胞證必須寄至大陸申請，所以還是請旅行社代勞吧！

台胞證＝護照，加簽＝簽證

台胞證辦一次有效期五年，加簽一次有效期三個月

台胞證＋加簽＝約為台幣1400。(2013年費用)

只需加簽者＝約為400台幣。(2013年費用)

PS：到大陸旅遊，需有：臺灣護照、台胞證、加簽（蓋章在台胞證內），三種證件。

4.有順序的準備──蓋房子理論！

自助旅行的準備是不是很煩瑣累人呢？查了一大堆資料，卻不知如何著手？住宿？機票？火車票時間喬不攏，到底誰能來幫幫我呀？

其實只要把握以下幾個大原則：

一、先訂機票

二、再訂第一站住宿

三、再訂大移動交通（如果要移動到另一個城市玩）

四、再訂移動後的城市住宿

五、最後確認到達機場的交通

就像蓋房子一樣，先打地基再開始砌磚，旅行準備也是一樣，資料都可以先查、先問，但一旦行程大致確定後，一定要照著這個順序來走。

以免臨時發生住宿、火車票都訂好了，飛機票卻沒位子，之前訂的票又要重訂一遍不打緊，重點是有些交通票不能改票，或是需加收更改費用，就會造成無謂的支出！

5.作者實戰經驗——該帶什麼去上海？

上海適合出遊的季節為春秋，夏季比台灣晚一點，四月至六月初氣候涼爽宜人，可以說是最適合旅遊的季節，中午太陽很大，但用簡單的帽子防曬即可；到了六月中至暑假就相當炎熱，要注意防曬、補水，戴帽子、拿遮陽傘。冬季遇到低溫時，可能會下雪，在遊黃浦江或外灘時，要注意做好保暖。

這些都準備好之後，你是不是和我一樣，也開始期待上海之旅了呢？那就讓我們趕快進入下一頁，了解上海豐富的景點內容吧！

可以嘗試在此處黏上
自己去旅遊所拍攝的照片
並寫下當時難忘的記憶

隨手小品：

可以嘗試在此處黏上
自己去旅遊所拍攝的照片
並寫下當時難忘的記憶

隨手小品：

可以嘗試在此處黏上
自己去旅遊所拍攝的照片
並寫下當時難忘的記憶

隨手小品：

可以嘗試在此處黏上
自己去旅遊所拍攝的照片
並寫下當時難忘的記憶

隨手小品：

可以嘗試在此處黏上
自己去旅遊所拍攝的照片
並寫下當時難忘的記憶

隨手小品：

Chapter 05

上海
景點內容

▶▶▶ 豫園商城

星等評價：

就是熱愛自然★★

我愛大藝術家★★★

只有這裡才有★★★★★

婆婆媽媽按讚★★★★★

 由來介紹

佔地約5.3平方公尺的「豫園商城」，又被稱為「上海的根」。

從元代開始到民初，700多年以來，這裡一直是上海經濟與人文的發展重心。在這裡，有許多美味小吃可以嚐嚐，例如：眉毛酥、棗泥酥、生煎饅頭、排骨年糕、奶油五香豆⋯⋯等等，不勝枚舉。

 隨身導遊

初來乍到一個城市，為求健康平安，建議可以先衝「豫

園商城」，這裡有上海最有名，也香火最旺的「城隍廟」，
先誠心求個平安，拜拜碼頭，接下來再緊鑼密鼓玩個痛快。
先「拜」、再「吃」，最後「遊」！只需要一次交通，把自
己丟進豫園商城，就可以一次滿足三個願望。

　　先拜「城隍廟」、再吃「豫園商城」裡面琳瑯滿目的特
色小吃與餐館，也可以學學江南文人雅士，移駕進古色古香
的亭台樓閣，喝茶、吃點心，看看眼皮子底下遊客如織的熱
鬧畫面。最後，抱著劉姥姥進大觀園的期待，一腳踏進江南
名園「豫園」，好好欣賞裏頭外國人比中國人多的江南建築
與庭園景色。

曲橋，連接熱鬧的商圈與豫園，一個是舌尖上的文化資產，一個則是珍貴的建築遺產。

蓮花座台上女子搖曳生姿，增添不少古
意，右前方四隻水鴨不急不徐緩緩游
過，又帶出幾分閒適，彷彿正在偷偷告
訴人們，不要急，慢遊出趣味～～

豫園商城內古色古香的建築物很多，有種恍如踏入時空隧道的錯覺。

省 · 錢 · 靈 · 籤

　　只要一趟交通過來，就可以一次參訪「豫園商城」、「城隍廟」、「豫園」、「上海老街」，吃、喝、玩、樂一次搞定。建議：對上海交通與人文還不熟悉的人，可以先來這裡逛逛，能為自己省下不少交通移動的時間跟費用喔。

貼心便利貼

　　從「豫園」出來後，還可以到就在「豫園商城」旁邊的「上海老街」走走看看，逛街、掏寶、買點小紀念品。

豫園商城內的湯糰店、五香豆店……等等，商店林立，好吃好玩的這裡都有。

照片中的左半邊是「南翔饅頭店」，許多人買了外帶，就坐在外頭吃，吃完了，穿過曲曲折折的九曲橋，就可以到「豫園」入口處，買票入園一逛！

 旅遊玩家

開放時間	全天
門票資訊	無
交通資訊	地鐵10號線【豫園】站

這裡是美食天堂，風中飄著一句俗語「未見城隍先吃魚」，看見滿街美食，只好先把拜拜大事暫往後挪了。

感受民間飲食與購物的活力，再加上古色古香的建築，頗有幾分情趣。

隨意逛逛，不少物美價廉的美食就會出現在眼前，等著我們前去大飽口福。

我的地下宮殿，應該也來弄個「仿民間街道」熱鬧熱鬧。

美食達人楊貴妃

勤學君王李世民

精打細算王熙鳳

聲勢浩大秦始皇

▶▶▶ 城隍廟

星等評價：

就是熱愛自然★★★

我愛大藝術家★★★

只有這裡才有★★★

婆婆媽媽按讚★★★★★

由來介紹

　　這裡的「城隍廟」，又有人管他叫「老城隍廟」，建於明永樂年間，距今約600多年，是上海重要的道觀，裡面恭奉上海縣城隍神——秦裕伯，主管上海城市的平安。

　　城隍廟大殿恭奉「秦裕伯」，慈航殿裡中間恭奉保佑平安的「慈航大士觀世音」，兩邊則分別恭奉出海平安的「天后娘娘」與照顧眼睛健康的「眼母娘娘」。

　　對現在長時間使用電腦跟手機的我們來說，實在應該好好拜一下「眼母娘娘」，祈求眼睛永遠雪亮健康。

 隨身導遊

秦裕伯是誰？又是誰把他捧為「上海縣城隍神」？

秦裕伯是元朝進士，把東海海濱治理的相當不錯，不過，後來把他捧為上海縣城隍神的，卻是明朝的明太祖。

明太祖在秦裕伯死後，深感遺憾，這麼好的人才居然無法為我所用啊，滿心感嘆之餘，便說了以下兩句話：「生不為我臣，死當衛吾土。」

意思是，你活著的時候沒機會幫我做事，如今你已經死了，可惜啊！不過，其實也沒關係，我封你一個上海縣城隍神，來幫忙庇佑我這大好江山吧。

貼心便利貼

城隍廟也曾經歷過幾次損壞，於1926年重新修繕後，才有了如今的面貌。

 旅遊玩家

開放時間	8：30～16：30
門票資訊	10元
交通資訊	地鐵10號線【豫園】站

上海都市觀光巴士。

省・錢・靈・籤

在這樣大的景點上,「上海都市觀光巴士」一定有經過,其分為兩號線,一號線為「浦西旅遊線」,經過外灘、南京路步行街、上海美術館、城市規劃展示館、上海老街、豫園、新天地、上海博物館、淮海中路商業街。二號線為「浦東旅遊線」,主要經過東方明珠與金茂大廈那一邊。

採用「磁卡一日票」的方式,一張票30元人民幣,24小時內可以隨意上下車,並可以攜帶一名140公分以下的兒童。

車上設有免費多國語言耳機,可以隨興拿起來聽景點講解,對於喜歡大概瀏覽城市的人而言,相當方便,不過,對於喜歡「慢遊」的族群來說,「上海都市觀光巴士」可能就比較不適合。

有賢有才之人，我都想會上一會。

「貧算命，富燒香」，有拜有保佑，多多益善總沒錯。

靠神明保佑，不如靠自己實在。

美食達人楊貴妃

勤學君王李世民

精打細算王熙鳳

聲勢浩大秦始皇

 由來介紹

　　豫園於明朝嘉靖年間、西元1559年興建，距今已有400多年的歷史，**是相當俱有代表性的江南園林之一，有「奇秀甲於東南」之美稱**，中間經歷過多次的擴建與修建，才成就出如今我們所看到的面貌。

　　豫園，取名有「愉悅」的意思，原本是古代官員潘允端建造來給自己父親潘恩用的私人花園，總佔地30多畝，裡頭有三穗堂（一禾三穗，取其「豐收」之意，舉凡重大慶典、友人相聚、仕紳商議事情，大多在此處舉行）。

　　另外還有點春堂、古戲樓、得月樓、大假山、九獅軒

（視野突然大為開闊的一處，眼前有一大池塘，可以靜心坐下來，欣賞游魚在綠水與紅花間暢滑而過的寫意）、萬花樓（隔間用的木頭上，雕有戲文中的人物當作裝飾）、內園、魚樂榭（顧名思義，能夠優閒看一下午的魚游之樂，還真不是普通的奢侈啊）、湖心亭……等等，可親臨體驗的景點高達五十處，是古代林園建築中的經典之作。

 隨身導遊

為什麼「豫園」裡，常常外國人比中國人多呢？

因為他們知道，「豫園」是上海市區內，唯一保存下來的歷史古蹟，在現今時代下，新的東西會越來越多，越來越好，但古老的東西只會越來越少，越來越保存不易。

除了吃吃喝喝、走進博物館、買點紀念品之外，對他們來說，走進「豫園」，等於是乘坐時光機器，回到中國的過去，藉由參訪古代建築，遙想當年文化與藝術的風華歲月。

西方歐洲國王蓋宮殿時，有不少人喜歡參考法國巴黎的凡爾賽宮建築，但多少人知道這些國王們，也曾經想要在自己的宮殿裡，加上一點「紫禁城」元素？而正宗紫禁城、圓明園、頤和園在建築時，又把江南建築特色，移放了多少成

份在皇親貴冑的建築物裡？從古至今，能留傳下來的建築物
不多，我們現在還能親眼見證的，通常是寶貝中的寶貝，不
然就是幸運中的幸運。

　　園中，有塊奇石「玉玲瓏」，是從宋徽宗時期的珍品，
留傳至今已有一千多年，完全符合「瘦、透、皺、露」幾大
特點，相當精妙。建築可以走進參觀，細細體玩古代文人視

豫園中的三穗堂，地位宛如現在家中的客廳，又或者是凡爾賽宮的鏡廳，舉凡重大喜慶或聚
會，都在這裡登台上演，請注意後方擺設，大多古代陳設都擺有一只瓶子，象徵平平安安！

為珍寶的奇石。除了照片上所介紹的有趣景點之外，另有一處小方廳，名字很可愛，叫「可以觀」，在它對面牆上，磚刻了「郭子儀上壽」圖，其刻功之細膩，連框邊上都還細細雕琢了兩尊小人兒，是件藝術精品，其故事內涵為「上壽」，完成符合當初蓋這處私家園林的用意。

最後，有一處不能不提，那就是被譽為「江南園林第一台」的「古戲台」，建築雕刻精美、金光燦燦，最值得一瞧的是——戲台頂部的「藻井」，共有22道圓圈，又與20漩渦式弧線相交，令人目眩不已，莫怪許多外國人瞧見，皆忍不住拿起相機猛拍個不停。

在這裡看戲，最好的位置當然是正對著的「還雲樓」，其次是兩旁的雙層觀樓。更值得一提的是，台前有一塊珍貴的「金磚」。所謂「金磚」，不是用黃金做成的磚，而是形容其極其珍貴。那麼「金磚」到底有多珍貴呢？

在以前，「金磚」是皇家專用的磚，做工繁複，質地堅硬無比，在頤和園的長廊地上，奢華鋪上長長一條「金磚」走廊，如今每年大量遊客踩踏，石頭地面被踩得凹凸不平，但「金磚」至今仍保存的不錯，耐用、耐操的程度勝過石頭，可見其耐用程度，實在驚人！

忙碌的屋頂。

園內外國人比中國人還要多。

間是金光燦燦的戲台子，兩旁兩層樓的建築，可以提供不少賓客一起觀戲同樂。

步路，一個轉身，眼睛裡的景總是不斷變化著，讓人有種目不暇給的忙碌感。

與對面建築遙遙相望，右手邊柳樹如煙，左手邊長廊綿延，視線底下一片綠波盪漾，最惹眼的還是池子裡通體豔紅的魚兒，正快活地遊竄著，坐在這裡，享受天光，一時間，竟有種恍如掉入「紅樓夢」裡的錯覺，分不清這究竟是現實，還是夢境，亦或者……是在畫裡？

低頭還是一樣可以見到龍。

園內隨處可見龍的高貴身影。

玄機了嗎？那如坡浪般的線條，是龍身，而龍頭就在照片最右邊！

園內隨便一角，都像一幅畫，在這張畫裡，有個雕塑而成的人，找得出來嗎？答案請見72頁。

形狀為瓶子的過門，象徵從底下走進的人，都能平平安安，相當吉祥！

這裡也有龍。

雕梁畫棟的戲台子，裝飾得極為華麗，湊近仔細一瞧，還刻著活靈活現的雙龍搶珠呢！

一路閒逛走到此處，怎麼眼前的路突然變成了兩條呢？其實這是有規矩的，男人要走左邊那一條，女人則走右邊那一條，兩道中間，是一條有數個花格窗的牆面，可以隱隱約約看到隔壁道上的人，女人通道上的入口，就是一個「平安」門，與男人方方正正的門完全不同。

「玉華堂」乃此園主人的書齋，內部陳設為珍貴的紫檀木傢俱，四周環境清幽閒雅，果然是一方靜心看書的寶地啊！

67

傳說龍有九子，其中一子親水，在這裡逛，抬頭有驚喜，低頭也有趣味，雕瞧凸出來龍的爪
是不是頗有幾分氣勢呢？

時，如果在地上看見這玩意兒，千萬別匆匆走過，記得在這繞著圖騰轉個一圈，聽說可以
己帶來一整年的好福氣喔！

洞天。

那裡也有龍。

雙飛簷，帶出一股參天氣勢！

這也是戲台子的一部分，請放心大膽靠近戲台子，抬頭往上一瞧，金碧輝煌的旋轉造型，令人驚嘆，吸引不少心思較細又善於觀察的外國人，拿起單眼相機猛拍個不停！

園屋頂上的熱鬧程度，絕對可以擠身為各大名園前幾名！

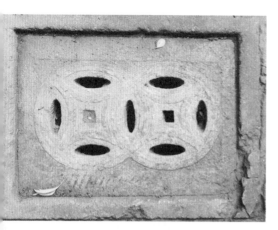

這個小地方也不放過，弄個錢的形狀，討個吉利，大家財源滾滾來！！

聽戲的人們，在這兒一排一排地坐著，桌上可能擺著時鮮水果與茶果點心，與主人共享同樂歡快的娛樂時光！

飛簷不尖，反倒像根棍子，幾隻頗有幾分
拙趣的小動物，正一邊爬，一邊看，也想
登高高，把世界看個清楚。

答案就在這裡。

在此處閒晃，記得要抬頭看看高
處的屋簷，常能見到許多可愛
的小設計，這個畫面在現場看起
來，就像被悶壞的小動物，受不
了了，一個接著一個，想要往自
由的天空前進的模樣，是不是很
可愛呢？

72

屋頂上的鹿，象徵「祿」，也是取其諧音，討個吉祥，可以仔細瞧瞧鹿身上的花紋！

園內精雕細琢的雕刻相當多，不管是大處，還是細微之處，只要仔細看，常常能尋獲不少令人驚喜的小作品與設計。

萬花樓。

省・錢・靈・籤

遊園前，建議可以先在外頭的小吃店，一飽口福後再進來。

貼心便利貼

除了多處景點之外，踏進豫園，還可以玩一個「尋龍遊戲」，裡頭有象徵吉祥的雙龍搶珠、穿雲龍牆、睡龍、臥龍……等等，看看自己可以找出多少條龍？

另外，這座豫園曾經吸引英國伊莉莎白二世、美國柯林頓、日本首相、德國總理前來參訪，還真是福地貴人臨啊！

 旅遊玩家

開放時間	08：30～17：30，提前半小時停止售票
門票資訊	旺季40元，淡季30元，60歲以上老人及學生半價，成人憑票可免費攜帶一名六歲以下或1.3米以下的兒童入場（非團體）
交通資訊	地鐵10號線【豫園】站

誰•會•說 YES！

園中的黛山、綠水、紅魚，有種「舒閒」的感覺，不妨挑塊好地兒，坐下來靜靜吹吹風，享受富人「以景取樂」的奢華。

此處無愧「東南名園冠」之譽稱，我特別喜歡「玉華堂」，能在此處讀書寫字，也是人生一大樂事。

古樹參天、明清傢俱、泥塑木雕、雕梁畫棟，這裡的寶貝也真不少哇！不過，也得識貨人才能瞧出其中端倪。

轉眼都是景，四處皆是寶，我的地下宮殿奢華雄偉，包天包地，就是忘了放進這一點生活浪漫的小情趣。

美食達人楊貴妃　　勤學君王李世民　　精打細算王熙鳳　　聲勢浩大秦始皇

▶▶▶ 上海老街

星等評價：

就是熱愛自然★★

我愛大藝術家★★★

只有這裡才有★★★★

婆婆媽媽按讚★★★★

 由來介紹

　　上海老街是方濱中路的一段，是一條呈東西走向的景觀街道，東起人民路，西到河南路，全長共約825公尺。

　　它曾是舊上海360行的總集合地點，匯集上海最早期的銀樓、餐館、茶館、酒肆，以及數量繁多的商店。

　　知名的有春風得意樓、西施豆腐坊、德順酒菜館……等等，都是相當俱有傳統色彩的店家。此外茶樓林立，更是上海老街主要特色之一。

隨身導遊

整體來說，這條總長不超過一公里的老街，是仿古代商業街的街道，大約是怕人們來逛，一直處在某個時代建築特色下會膩味，於是貼心用「不同的建築風格」，把長長一條上海老街，分為東、西兩段。

上海老街東段：走「清末民初」風格，可以看見馬頭牆，以及屋簷總是翹角，有點像要竄入天際一般的建築。

上海老街西段：主要走「明清混搭」風格，黛瓦白牆、花格隔窗、朱柱飛簷，力圖還原當時代居民生活的建築模樣。

上海老街上一角，交代了當代人們生活的形形色色，拎著一方黑色小錢包，把紙鈔跟硬幣都塞在裡頭，付錢的時候，得一手壓著捲起來的紙幣，抽出要繳出去的那一張，遞給老闆，換得自己想要的新鮮蔬果，放入手中籃子裡……一張小圖，在人最不經意的時候，喚起腦子裡作家張愛玲筆下的小人物。

上海老街上，常有跳入眼底的美麗作品，吸引人在此駐足久久。

77

上海老街。

海老街上有許多特色小店，古玩店，隨性走走看看相當愜意。

貼心便利貼

　　上海老街跟豫園商城是老鄰居，兩個都是逛街的好去處，而且就在隔壁，可以彼此順遊。

 旅遊玩家

開放時間	全天
門票資訊	無
交通資訊	地鐵10號線【豫園】站

我最喜歡與民同樂，還可以進入每間小店掏寶，實在有趣！

大觀園裡飲食更為精緻一些。

美食達人楊貴妃　　勤學君王李世民　　精打細算王熙鳳　　聲勢浩大秦始皇

上海老街的街景，「春風得意樓」店名取得古意央然，讓人有種時空錯置感。

▶▶▶ 上海博物館

星等評價：

就是熱愛自然★★★

我愛大藝術家★★★★★

只有這裡才有★★★★

婆婆媽媽按讚★★★★

 由來介紹

　　上海博物館於1995年落成，建築概念取自中國的「天圓地方」，並以「青銅大圓頂式」形象吸引人目光，博物館裡擁有12萬多件珍貴文物。

　　中國四大博物館：北京、南京、西安、上海博物館。

　　其中上海博物館收藏大量古代文物，建議可以多花點時間進來逛逛，在每一個展覽廳前，部分設有播放影片的機器，詳細介紹往往令人駐足久久。

 隨身導遊

　　博物館內空間設計透亮，納入大量自然採光，出入完全免費，如果覺得隨行包包太重，還可以免費寄放包包，規格與歐洲博物館相近。

　　上海博物館內擁有六個區塊、十幾個主題展館，例如：少數民族工藝館、中國古代玉器館、錢幣、印章、雕塑，以及書畫館。

　　欣賞中國繪畫的方式與西方繪畫不同，中國畫裡的視覺焦點往往不只一個，必須多做轉換，才能欣賞到整幅畫的全貌，視線落點絕對不是固定的，必須跟著畫中的動線移動，才能瞧出趣味。

　　例如：欣賞一幅中國山水畫，視線焦點是移動的，從某一個點，通常是最吸引自己的地方，慢慢延伸出去，不是看完那個點，看完就完，中國繪畫沒這麼一目瞭然，它的底蘊是需要細細品味的。

　　可能一開始最吸引人的點是一群人，我們把目光集中過去，後來才驚覺到，這群人的旁邊還有個急急趕來的小人兒，因為落了單，無法在第一時間吸引目光注意，可是當我

們把視線集中在「人」身上時，所有畫中人彼此之間的互動，就會一下子跳脫出來！於是，我們可以看出其中關聯，這個急急趕來的小人兒，手中抱著琴，便能猜出大約是主人們想要彈琴，卻忘了帶，他正趕著給他們送過去呢！

　　看完了「人」之間的故事關係，視線一轉，我們也可以瞧瞧，畫中人物究竟在看些什麼？於是乎，視線便可以轉向四周風景，讓一層層風景，把我們帶往畫的更裡處去。

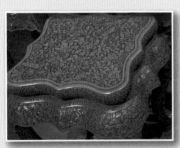

明清傢俱館內的剔紅花卉紋方桌凳，這是凳上的繁花雕飾，此時流行以「滿」為美，這類作品鮮少有值得留世的珍品，此為一例外。

少數民族服飾館內的藏品

細看袖口之處，才能為其嘖嘖不已！

上海博物館內通透的設計，是個舒適的參觀空間。

先看「整體」，視線焦點有時候會因為太過忙碌而找不到施力點，不過，可以先欣賞整體結構之美。

貼心便利貼

上海博物館位於人民廣場南側，人民廣場被譽為「城市綠肺」，綠化面積約為8萬平方公尺，四周現代建築林立，除上海博物館之外，西北邊的上海大劇院、北邊的上海市人民政府、東北邊還有上海城市規劃展示館。

視線慢慢聚焦到自己「最感興趣的地方」，張大眼睛看看它，例如：這幅畫中，我們可以看到主人翁，搬了椅子出來，正坐在上頭，似乎很興奮地微仰著頭，望向遠方，悠悠哉哉欣賞眼前遼闊的美景～～

畫裡的主人翁到底在看些什麼？我們心底產生了這樣的疑問後，很自然會隨著他幽幽目光看去，看畫的視角再次產生改變!最後，別忘了再看一眼畫的整體，經過這一輪欣賞，說不定已經又改變了～～

旅遊玩家

開放時間	9：00～17：00，16時停止入場，每日上限8000人，額滿為止
門票資訊	免費
交通資訊	地鐵1號線、2號線和8號線【人民廣場】站

很舒適的參觀空間。

文物寶藏，一次飽覽，相當過癮。

免費的古代文物，再加上具國際水準的空間，不進來晃晃未免太過可惜。

千年寶物集中一處，值得一逛。

美食達人楊貴妃

勤學君王李世民

精打細算王熙鳳

聲勢浩大秦始皇

▶▶▶ 上海大劇院

星等評價：

就是熱愛自然★★★

我愛大藝術家★★★★

只有這裡才有★★★

婆婆媽媽按讚★★★

 由來介紹

砸下六千萬美元建造的上海大劇院，其外觀設計，採用中西合併，整棟建築呈現出透亮的質感，屋頂是一白色圓弧線條，弧線指向天際，建築物本身則是玻璃透明牆為主，有人說它像一頂博士帽，也有人說它像巨大的雪白揚帆，總面積相當於大約200個籃球場那麼大。

裡頭有大、中、小，三種不同大小的表演場地，各自有1800、500、250個觀眾席，觀眾座椅全是意大利進口的高級座椅。上海大劇院的舞台設備與廣闊面積，是國際上數一數二的水準，更值得一提的是，其內部舞台面積居然比觀眾席還大，相當深邃。

大舞台面積約為1700平方公尺，深達50公尺，舞台可以切割成四塊，四塊都可以任意上升下降或平移，中間還有不只一個的兩層旋轉舞台，可以變化出相當多變的舞台設計。

除了表演場地與觀眾廳外，還有排練廳、中國民族樂器陳列室、六樓觀光廊、八樓星空宴會廳，以及可容納170輛汽車的地下停車場。在六樓觀光廊上，可以俯瞰整個人民廣場全景，輕鬆飽覽「城市綠肺」整體景觀，相當不錯。

隨身導遊

在「上海博物館」與「上海大劇院」之間的人民廣場上，有一大型噴水池，可以欣賞到上海最大的噴水舞台。清晨時，這裡會有許多人過來打太極、練功健身，相當俱有生活實在感。

省・錢・靈・籤

　　如果要觀看表演，建議至少要提前一星期買票，如果是5月1日或是10月1日左右，恐怕要更早購買。

貼心便利貼

　　劇院內的樓梯有點小又陡，記得要小心行走。

 旅遊玩家

開放時間	09：00～11：00
門票資訊	50元
交通資訊	地鐵1號線、2號線和8號線【人民廣場】站

左為上海博物館，右為上海大劇院。

想當年我與唐明皇，也對藝術音律極為沉迷，如果沒有共同的興趣，一名深宮女子要如何牽絆住一代帝王長達十多年久？促使六宮粉黛無顏色的原因，向來不是靠容易色衰的容貌，而是本身性靈與才藝。

美食達人楊貴妃　　勤學君王李世民　　精打細算王熙鳳　　聲勢浩大秦始皇

上海博物館。

▶▶▶ 人民廣場

星等評價：

就是熱愛自然★★★★

我愛大藝術家★★

只有這裡才有★★★★★

婆婆媽媽按讚★★★★★

 由來介紹

　　人民廣場與人民公園連成一體，進行城市綠化工作，人民廣場又有「城市綠肺」之稱，可見其代表性地位。

　　人民廣場除了被許多俱有重要功能的建築物包圍之外，本身內部也相當有看頭，有大型噴水池……等等，並以噴水池為中心，呈現出一個開放式的休閒空間。

 隨身導遊

　　假日時，人民廣場上有一項特殊活動，有人稱之為「相

親大會」，也有人戲稱為「賣女兒」，原因難以考究，總之就是民間空中飄著的一種說法，如果有空，可以過來體驗看看當地的特殊風俗民情。

從人民廣場八號出口出來，往公園方向移動，可以看見許多年邁父母在這裡聚集，他們從各地紛紛來到這裡，不是為了跳舞、練功，也不是想要參加自己的活動或聚會，而是為了自家兒女們的婚事。

有的父母彼此覺得對方不錯，便會在現場互相留下連絡方式，好進一步為自己兒女的婚事鋪路。走在這裡，看著不少年事已高的父母，把兒女的條件寫在紙上，張貼在刊版或雨傘上，除了新奇之外，還多了不少感動。

假日時，這裡會有大批群眾聚集在一起，他們不是為了造勢活動，不是為了自己快活，而是為了自己的寶貝兒女們。

滿的一方格一方格紙，上頭寫滿類似履歷表的內容，仔細又誠懇地交代了年齡，學經歷……
等條件。

貼心便利貼

　　如果夏天造訪上海，可考慮是否過來這裡，因為悶熱的天氣，
實在容易令人發昏。

能夠深入參與百姓活動，相當可貴。

父母為兒女『機關算盡』，都是為了他們的將來能有個好歸宿，其心感人。

聽說後代子孫的社會都變了，變得自主性很強，對結婚的事情不太熱衷，我反倒比較想會一會重視自我發展的年輕人，好好互相交流一下。

NO!　YES!　YES!　NO!

美食達人楊貴妃　勤學君王李世民　精打細算王熙鳳　聲勢浩大秦始皇

 旅遊玩家

開放時間	全天，相親大會在周末的中午至下午
門票資訊	無
交通資訊	地鐵1號線、2號線和8號線【人民廣場】站

▶▶▶ 上海城市規劃館

星等評價：

就是熱愛自然★★★
我愛大藝術家★★★
只有這裡才有★★★★
婆婆媽媽按讚★★★

 由來介紹

　　西元2000年，上海城市規劃館正式啟用，地面上有五層樓，加上地下兩層樓，共七層樓。上海市的市花是白玉蘭，這棟建築物頂端的四片白色檐冒，象徵雪白的花瓣，在璀璨陽光下閃閃發亮，相當引人注目。

 隨身導遊

　　上海城市規劃館一次呈現關於上海這個城市的過去、現在，以及未來2020年的城市樣貌，其以「城市、人、環境、發展」為主題，展示城市內不斷進步的建設，館內展

示廳有總體規劃一廳、總體規劃二廳……等等。

　　一樓展示上海最具代表性的建築：外灘以及舊上海的城市樣貌；二樓：建設成就廳；三樓與四樓：上海城的整體總規劃。

　　地下一樓是仿造上海1930年代的懷舊風情街，另外，頂層有休閒大平台，可以供遊客們休息、欣賞整個上海城之用。

上海城市規劃館。

一個城市的規劃，將會影響它的未來發展。

「2020年上海主體模型」實在驚人，它所展現的是不斷進步，而我的地下宮殿則是展現一代風華，本質上雖不同，但我都喜歡。

NO! 美食達人楊貴妃

YES! 勤學君王李世民

NO! 精打細算王熙鳳

YES! 聲勢浩大秦始皇

貼心便利貼

　　館內的「2020年上海主體模型」，預言了這個城市希望在西元2020年時所呈現出來的風貌，千萬別錯過。

 旅遊玩家

開放時間	9：00～18：00
門票資訊	30元
交通資訊	地鐵1號線、2號線和8號線【人民廣場】站

▶▶▶ 南京東路步行街

星等評價：
就是熱愛自然★★
我愛大藝術家★★★
只有這裡才有★★★★
婆婆媽媽按讚★★★★★

 由來介紹

南京路步行街，已有一百年左右的歷史，又稱「中華商業第一街」，以前這裡叫做「派克弄」，直到西元1865年才正名為「南京路」。

在這裡還可以看見觀光小火車，和生動活潑的市民雕像，來到這裡的遊客或學生，總是忍不住拿起相機，與雕像合拍一張當作紀念照。

 隨身導遊

有人說，不逛南京路，等於沒到過上海，不過，本地人

倒是比較少上這裡逛。這條步行街，總長為1033公尺，有許多百貨商店、鐘錶店、上海第一食品商店、沈大成點心店、蔡同德堂……等等，眾多店家林立。

除此之外，還有有名的沈大成點心店，建議可以買一個來嚐嚐味道，不過，第一次買的人因為不知道合不合口味，不建議買多喔。

 省 · 錢 · 靈 · 籤

這條街上有吃到飽的「好倫哥」，裡頭大多是當地「巷子內」的婆婆媽媽相約來吃，其中還有不少外國人悠閒坐著吃飯。

貼心便利貼

這條街走到底，就離外灘不遠了，喜歡步行的人，可以隨興走走晃晃，就可以抵達知名的外灘。

 旅遊玩家

開放時間	全天
門票資訊	無
交通資訊	地鐵1號線、2號線和8號線【人民廣場】站

底，繼續再走一點點路，可以看見外灘就在前方不遠處！

南京路步行街

京路步行街上，隨處可見外國人。

她們正商量著要不要冒個險，拐入小巷子裡，最後的決定是YES！巷子裡，有當地小吃，就看大家敢不敢來上一份，當地人可是吃得一臉很香的樣子喔！

誰·會·說YES！

點心、美食、陌巷都有珍饈，這些都是我的最愛。

在這裡可以看見新舊交替的痕跡，值得一逛。

YES!

YES!

NO!

NO!

美食達人楊貴妃　　勤學君王李世民　　精打細算王熙鳳　　聲勢浩大秦始皇

▶▶▶ 外灘

星等評價：

就是熱愛自然★★★

我愛大藝術家★★★

只有這裡才有★★★★★

婆婆媽媽按讚★★★★★

 由來介紹

　　黃浦江外灘全長約1500公尺，素有「世界建築博覽會」的稱號，顧名思義，沿著江畔，有許多世界各國的建築物，例如匯豐銀行、和平飯店……等等。

　　站在外灘上，眼前是充滿現代感的建築物，如：東方明珠、金茂大廈。轉個身，立刻跌入歷史洪流之中，眼前盡是古典主義的建築，如：曾為李鴻章設置的招商局，現為輪船招商總局……等等。

隨身導遊

　　如果說「牡丹花」是洛陽的名片，那麼「外灘」就是上海的名片。

　　外灘邊上一整排風格迥異的建築物，彷彿把世界各國的古典建築，一次濃縮到這方地兒上，這還不算什麼，轉個身，世界頂尖的現代建築立刻映入眼簾，我們站在兩個時代的中間地帶，只需微微側轉個身，便可以將古典與現代、中國與世界同時接上軌。

　　在以前，這裡不過是荒蕪小道，直到西元1846年以後，外灘才逐漸發展起來，而且一發展就是以大雜燴的方式進行，快速被放進哥德式、羅馬式、希臘式、中西合併式、巴洛克風格……等等建築物。

　　這裡白天氣氛休閒，到了晚上燈火齊亮，從清穆變成艷麗，尤其華燈初上時那股繁華與炫麗，更能令人不自覺放鬆一天的疲累，優閒散步起來。

　　一般來說，想要看夜景，大多上山，登高臨下，將萬家燈火盡收眼底，但在上海，不須上山，只需來到外灘，便可以看見瑰麗的繁華夜景。

建議可以在黃昏時分過來外灘，一次飽覽白天、夕陽西下，與美麗繽紛的華麗夜景。

外灘上的西式建築，現為上海浦東發展銀行。

外灘上的西式建築，琳瑯滿目！

難歷史紀念館

貼心便利貼

　　不曉得大家是否看過電影「2046」？外灘二號，地址中山東一路2號，正是電影裡王菲從東風飯店出來，乘車邁向未來2046年的拍攝景點喔。在上海，擁有許多電影拍攝景點，如：2046、色戒、聽風者……等等，只能說近一百年以來，上海在中國、在世界的舞台上，絕對占有相當重要的一席之地！

省・錢・靈・籤

　　跟大家分享一個「享用外攤美食省錢小撇步」，在這裡吃飯想要省錢，只有一招。

　　不是蒐集折價卷，也不是掏出跟店家有合作的信用卡，而是要「選對時間」。

　　建議可以選星期一到星期五的中午，或是下午茶時段來這裡用餐，套句大陸朋友的說法：「『性價比』比較高，可以去吃吃看！」

　　兩岸用語大不同：何謂「性價比」？台灣說法大概就是「比較划算」，品質差不多，價格卻比較便宜的意思，不過，這也得剛好時間能搭得上，當地需要上班的朋友，就比較沒有辦法享用這「性價比」較高的美食饗宴喔。

美籍義大利雕塑家，為世界兩大金融廣場，分別雕塑了「外灘牛」，另一頭則是「華
爾街牛」，不愧是象徵金融的牛，果然氣勢十足。

美豔夜景、參天高樓與引擎聲隱隱作響的渡輪，醞釀出一個城市的華麗感。

「以古為鏡，可以知興替。」當初建造「世界建築博覽會」的人，都已經歸國了吧？人事已變，景物猶存，風華更甚。

往這裡一站，「古、今、中、外」一次看個過癮，又不收門票錢，還有什麼比站在時代交會處更令人興奮的呢？

這裡發展起來雖只有短短一百年左右，卻是高樓林立，變化快又大啊。世民老弟，唐朝長安是國際大城市，如今風水輪流轉，轉到上海了。

美食達人楊貴妃　　　勤學君王李世民　　　精打細算王熙鳳　　　聲勢浩大秦始皇

 旅遊玩家

開放時間	全天
門票資訊	無
交通資訊	地鐵2號線【南京東路】站下，往東方明珠方向步行到達

▶▶▶ 上海人民英雄紀念塔

星等評價：

就是熱愛自然★★

我愛大藝術家★★

只有這裡才有★★★★

婆婆媽媽按讚★★★

 由來介紹

在外灘黃埔公園內，有一座相當醒目的高塔，它就叫做「上海人民英雄紀念塔」，這座塔建於1993年，高度有60公尺，下方有一圓拱形，上頭清楚寫著上海人民英雄紀念塔，塔身呈現下寬上窄的形狀，直指天際，氣勢不凡。

 隨身導遊

基本上，這高塔何時建造、高度多高都是其次，重點在於它背後所代表的意義，那才是我們忍不住一看再看的重點。「上海人民英雄紀念塔」紀念的英雄們，就是那些於鴉

片戰爭與解放戰爭中，拋頭顱灑熱血的光榮志士，如果沒有他們，今天又會是何等光景，實在令人不敢想像。

夜晚在這裡拍照，身後是一片璀璨的萬國建築，身前是象徵經濟突飛猛進的高聳建築，夾在兩者之中的「上海人民英雄紀念塔」，則顯得低調肅穆，卻又令人景仰。

貼心便利貼

在黃埔公園內，有一家非常有名的餐廳「厲家菜」，原本此店只應北京有，該店的掌廚人不是米其林大師，而是響噹噹清朝宮中的御廚大人，直到西元2006年，才在上海開了一家分店。

如果只是賣賣祖先面子，恐怕還不夠吸引老饕們前來一趟，畢竟厲害的是祖輩，後代可能不知長進或是沒那麼靈巧，可是偏偏厲家人代代相傳的不只有DNA，還有廚房內令人瞠目的真功夫！

在1984年的全國烹飪大賽裡，厲家人不只砧板上厲害，筆上功夫也不馬虎，輕鬆通過筆試後，接下來的現場烹飪，簡直猶如縱虎歸山，在短短兩小時內，展現超高御用廚藝，做出主菜加點心統共十五道菜餚，一舉拿下「廚房狀元」頭銜。只能説，厲家人果然厲害啊！

「厲家菜」：

電話：021-5308-8071

地址：黃浦區中山東一路500號黃浦公園1樓

上海市人民英雄紀念塔。

想起這些英雄們做的事，實在讓人忍不住想為他們按下一百個讚、讚、讚！

英雄豪傑都是我崇敬的對象。

NO!

YES!

YES!

NO!

美食達人楊貴妃　　勤學君王李世民　　精打細算王熙鳳　　聲勢浩大秦始皇

旅遊玩家

開放時間	外觀隨時
門票資訊	免費
交通資訊	從外灘往人民英雄紀念廣場方向步行即可

▶▶▶ 外白渡橋

星等評價：

就是熱愛自然★★
我愛大藝術家★★★★
只有這裡才有★★★★
婆婆媽媽按讚★★★

 由來介紹

這是一條連接了蘇州河兩岸的橋，我們現在稱之為「外白渡橋」，原名為「外擺渡橋」，位在有名的「陸家嘴」上。為什麼改名了呢？

原來本來過這橋是是要收費的，後來改成可以免費過橋，在上海方言裡，「白」這個字，有「不花錢就可以享用」的意思，於是就改名為「外白渡橋」。

 隨身導遊

陸家嘴？這是什麼怪名字。第一次聽到這個名字時，實

在令人感到無比困惑。陸家嘴？到底是什麼嘴這麼厲害，可以成為一地之名？

其實這張嘴，不是人的嘴，也不是動物的嘴，而是地貌所形成的一種景象。話說當黃浦江流經此地時，會轉個大約90度的大彎，那模樣看起來就像一張嘴，尤其從浦西方向往這看，頗像一隻猛獸張著大大的嘴，停在這裡喝水。

好了，「嘴」解釋完畢，那麼「陸家」又是怎麼一回事？答案也很簡單，陸家就是一個家族的人，只是這陸家人非宮廷御廚，也不是什麼政治人物，而是明代大文豪陸深的老家。

一個陸姓大文豪＋地貌上的喝水怪獸＝陸家嘴。此名結合了真實人物以及人對奇幻地貌的想像力，實在是個特殊的地名啊！

 旅遊玩家

開放時間	全天
門票資訊	無
交通資訊	從外灘往人民英雄紀念廣場方向步行即可
其它資訊	4月8日、9日、10日為了紀念外白渡橋大修後開放，所以這三天外白渡橋禁止一切車輛通行，只向行人開放

卜白渡橋。

外白渡橋整體架林

貼心便利貼

　　在上海購物消費，別忘了可以索取發票喔，雖然有些店員會「忘記」，不過，這事關乎到我們能不能玩一下刮刮樂的樂趣，請記得一定要索取。發票到手後，右上角會有一個「現刮現中獎」的區域，這時候就可以好好試試自己的手氣，雖然沒有中獎的機率比較高，但這可是一張不用再額外花錢的刮刮卡，有刮就有中獎的機會，可別放棄自己的權利喔！

誰•會•說 YES！

大文豪，
值得敬重。

光怪陸離的
傳聞，頗有
幾分趣味，
我喜歡！

美食達人楊貴妃　　勤學君王李世民　　精打細算王熙鳳　　聲勢浩大秦始皇

▶▶▶ 東方明珠塔

星等評價：

就是熱愛自然★★★★
我愛大藝術家★★★★
只有這裡才有★★★★★
婆婆媽媽按讚★★★★★

 由來介紹

　　東方明珠塔，全名「東方明珠廣播電視塔」，塔高為468公尺，是目前亞洲最高、世界排名第三的電視塔。

　　白天看起來是一座高高的塔，塔身上共有11顆大小不一的突起金屬球，到了晚上，搖身一變，立刻光彩奪目，璀璨不已。這些大小不同的金屬球，遠看就像一串珠子，從高空紛紛滾落地面，取其「大珠小珠落玉盤」的意象，巧妙結合古代意象與現代建築於一身。

 隨身導遊

這座高塔就跟日本許多觀景台跟塔一樣,都是可以上去瞧瞧整個城市景色的塔,只不過它分工更細!

東方明珠塔一共分為三層,有下端球體(118公尺高度)、中間球體、上端球體(263公尺高度),以及太空艙。太空艙高度在350公尺,可以360度俯瞰整座上海城,裡頭有頂級觀光廳跟會議廳,主要用來接待貴賓,不過同樣也對遊客開放。

當然,不能免俗的,這種地方往往都會再搞個空中餐廳,了不起一點的,加點功能,就成了「空中旋轉餐廳」,位於上端球體裡。

「空中旋轉餐廳」位在267公尺的高度,是亞洲最高的旋轉餐廳,可容納約400人左右,用餐模式是自助餐,餐廳大約一個多小時可以轉完一圈,如果坐在固定位置上吃飯,輕輕鬆鬆就可以360度把底下風景欣賞過一圈。在上下球體中間,另外有五顆小球,每一顆小球,都是一個頂級的豪華套房。

除了邊吃邊欣賞美景以外,另外還有其他選擇,像是

舞廳、酒吧、20間位在271公尺高度的KTV，這些邊吃邊欣賞、邊玩邊欣賞美景的空間，通通對外開放，任何人都可以在半空中，享受看看從事這些活動的新鮮體驗。

東方明珠與金茂大廈。

貼心便利貼

在東方明珠塔內，有「上海城市歷史發展陳列館」可以參觀，將上海城的歷史、文化、娛樂……等等所有層面，凝結為七個展覽館，一旦踏入，便彷彿走進舊上海的風華絕代裡。

 旅遊玩家

開放時間	8：30～21：30
門票資訊	＊套 票：觀光＋遊船－上球體＋陳列館＋浦江遊覽：180元 ＊A票：太空艙＋上球體＋下球體（含一項目）＋陳列館（太空艙安排專員導覽）：220元 ＊B票：上球體＋下球體（含一項目）＋陳列館：160元 ＊C票：上球體＋陳列館：120元 ＊旋轉餐廳：午餐288元，晚餐318元（吃飯含觀光B票項目）。 ＊遊船：中華號明珠號：特等艙120元，一等艙100元。
交通資訊	地鐵2號線【陸家嘴】站
其它資訊	外灘觀光隧道浦東景點優惠聯票單程50元，往返60元，營運時間為：5月1日～10月31日：8：00～22：30 　　　　　　11月1日～4月30日：8：00～22：00

誰・會・說 YES！

美食、美景一次到位，怎能不去？

上海名地標，不能不去走這一趟！

秦祖宗，想不想也把這座高聳建築放進地下宮殿裡？

鳳妹子，妳當我瘋了嗎？這跟在我陵寢上插根旗子，標明這是我駕崩後的老家、鼓勵人來挖寶貝有啥兩樣？

美食達人楊貴妃

勤學君王李世民

精打細算王熙鳳

聲勢浩大秦始皇

▶▶▶ 金茂大廈

星等評價：

就是熱愛自然★★★

我愛大藝術家★★★

只有這裡才有★★★★

婆婆媽媽按讚★★★★

 由來介紹

　　中國人有多愛「8」這個數字，並將其視為極為吉祥的數字，這一點，可以在鼎鼎大名的「金茂大廈」身上得以窺見。首先，是「金茂大廈」的地址：浦東世紀大道88號，請注意它的門牌號碼「88號」。

　　如果只是這樣，當然不值得我們一說，這座總高420公尺的高大建築，目前在中國排行第三，全世界排行第八，而它總共有「88層樓」。「88號」加上「88層樓」，只能說「8」的魅力真是大啊！

隨身導遊

　　想要在這個充滿中國人吉利數字的建築物裡，好好享受一下，建議可以到56樓的酒吧，點一杯飲料，體驗在用金錢堆砌出來的建築物裡，悠閒喝杯小酒的感覺。

　　金茂凱悅的中庭，被譽為「時空隧道」，可以在這裡喝上一杯咖啡，充分感受一下何謂「大上海風情」。金茂大廈53～87樓為五星級飯店，第88層樓則是觀光樓層，可以一飽四周城市美景。

 省・錢・靈・籤

　　如果想要看上海夜景，建議上金茂大廈會比東方明珠好一點，理由有三。

　　第一，金茂大廈的觀光台比東方明珠高，位置高，視野就更寬廣。第二，可以看見燦亮亮的東方明珠，融入上海夜景裡，如果站在東方明珠上，又怎麼能欣賞得到東方明珠呢？第三，金茂大廈普遍來說遊客比較少，欣賞夜景品質相對提高。

貼心便利貼

　　樓層這麼高，如果人從1樓要衝上88樓，會不會在電梯裡等到睡著？或者被電梯裡密閉的壓力，壓得喘不過氣來？以上這些問完全不用擔心。如果乘坐的是金茂大廈裡的電梯，從1樓衝上88樓，只需要45秒。相當於一秒鐘可以衝9.1公尺。

 旅遊玩家

開放時間	8：30～22：00
門票資訊	成人票120元，學生票90元
交通資訊	地鐵2號線【陸家嘴】站

—— 誰•會•說 YES！ ——

現代人的建築，除了嚇人之外，也不忘賦予吃吃喝喝和娛樂功能，設想真是周到。

老話一句，上海名地標能不去走一趟嗎？

只是到一個地方，就可以滿足我所有需求，省時又省力，不錯！

美食達人楊貴妃　　勤學君王李世民　　精打細算王熙鳳　　聲勢浩大秦始皇

▶▶▶ 田子坊

星等評價：

就是熱愛自然★★★★

我愛大藝術家★★★★

只有這裡才有★★★★★

婆婆媽媽按讚★★★★★

 由來介紹

　　田子坊這一區塊本來是蕭條的工廠廠房，後來因為畫家陳逸飛把工作室搬來這裡，結果引起不少藝術家，如；爾冬強、王家俊等人紛紛跟進，接著，又引來不少個性商店的開設，結果成就了今天的再生新樣貌。

　　直到西元1999年，由畫家黃永玉正式把泰康路210弄，命名為「田子坊」，這個名字便一直沿用至今。

 隨身導遊

　　工廠變成文化藝術據點，每一家小店都自成一種風格，賣衣服、圍巾、手飾、香水……等等，還有許多咖啡店跟餐館，遊客們可以盡情在裡頭閒逛，徜徉在弄堂之中，一邊擔心會不會永遠都走不出去，卻一次又一次被琳瑯滿目的小店吸引進去。

　　田子坊裏頭處處可見「石庫門」建築，加入新現代文化創意，改造成十分成功的「創意園區」，也有人將它稱之為「新天地第二」。

 省・錢・靈・籤

　　這裡的工藝品、絲巾……等等，不只是遊客的最愛，也是作家席慕蓉與藝人們莫文蔚……等人，喜歡進來掏寶的區塊喔。

貼心便利貼

　　裡頭有一間很特別的小店，叫做「氣味圖書館」，擁有各式各樣的氣味，平常除了吃東西的時候，我們會稍為用嗅覺聞聞食物香氣之外，其實很少發揮它的效用，而這裡可是能夠讓鼻子好好發揮所長的好地方喔。

園區之一田子坊。

美食美物，琳瑯滿目，喜歡這裡獨一無二的許多設計，小小一塊地兒，可以逛上一整個下午吶！

人間至寶，朕豈能錯過？這裡頭人才濟濟，說不定有能為我所用的能人啊。

我這大門大戶出身的，走不慣憋憋窄窄的小弄堂，還得跟人擠。

美食達人楊貴妃　勤學君王李世民　精打細算王熙鳳　聲勢浩大秦始皇

 旅遊玩家

開放時間	一般餐廳、商店營業時間
門票資訊	無
交通資訊	地鐵9號線【打浦橋】站，1號出口

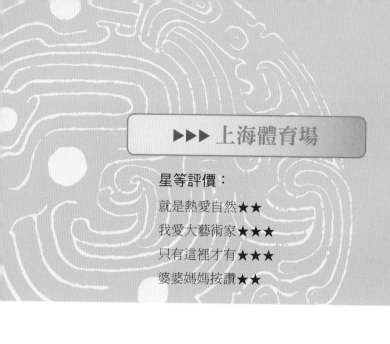

▶▶▶ 上海體育場

星等評價：

就是熱愛自然★★

我愛大藝術家★★★

只有這裡才有★★★

婆婆媽媽按讚★★

由來介紹

上海體育場可以容納八萬多人同時在場，許多大明星如：周杰倫、張惠妹、劉德華……等等，都曾在這裡開過大型演唱會。

隨身導遊

「上海旅遊集散中心」以前在上海體育場樓下，近幾年遷到旁邊一處大型建築物裡，在哪裡，可以獲得不少上海周邊旅遊資訊與行程，有興趣的人，可以前往一看。

另外，在上海旅遊集散中心裡，也可以透過代買機構，訂到火車票，如果覺得那些行程太過花錢，還可以當場轉換目標，自行購買想要去的城市，例如：杭州的火車票，然後再上網訂個飯店，就可以前往觀光旅行，相當方便。

「上海旅遊集散中心」就在體育館附近，裡頭有許多上海到鄰近城市的旅遊資訊，可以選擇自己想要的行程，然後現場購買即可!不過價錢偏貴～～，建議可以買張火車票，自行前往其他城市，方便又省錢，讓旅行更加自由！

貼心便利貼

盡量避免中午時段過來，有些工作人員會午休吃飯去喔。

許多知名藝人在此舉辦過演唱會的體育場！

 省・錢・靈・籤

　　對於舉棋不定，不知道該怎麼安排上海周邊旅遊的人來說，可以來上海旅遊集散中心，參考旅行社行程，如果決定自由行，也可以把頭一轉，轉向旁邊的火車票代售中心，相當方便。

誰•會•說 YES！

真想感受一下震撼氣勢。

我只愛聽戲，不愛聽歌。

聽說現代人的演唱相當聲勢浩大，比起我那動不動就幾十萬的雄兵，何者更加氣勢萬鈞呢？實在好奇。

美食達人楊貴妃　勤學君王李世民　精打細算王熙鳳　聲勢浩大秦始皇

 旅遊玩家

開放時間	白天
門票資訊	無
交通資訊	地鐵1號線、4號線【上海體育館】站

▶▶▶ 靜安寺

星等評價：

就是熱愛自然★★

我愛大藝術家★★★

只有這裡才有★★★

婆婆媽媽按讚★★★★

 由來介紹

　　相傳靜安寺創建於遙遠的三國年代，後來經過多次重建、修繕，遂成今日的模樣。靜安寺白天沉靜，晚上則截然不同，在通體燈光的裝飾下，相當吸引人的目光。

 隨身導遊

　　靜安寺轉個彎過去，就是知名的「百樂門」，鬧中取靜的千年古剎寺廟，竟藏身在燈紅酒綠的南京西路上，並與繁華煙花之地如此靠近，不曉得是不是上天故意的安排呢？與此類似的巧合，還有荷蘭的紅燈區，也與寺廟僅僅只有一牆之隔，這是純屬巧合，亦或是上天刻意的安排呢？

靜安寺。

誰·會·說YES！

窮算命，富燒香，我當然得進廟裡去誠心誠意拜一拜。

心誠則靈。

還是地下宮殿最實在。

美食達人楊貴妃　　勤學君王李世民　　精打細算王熙鳳　　聲勢浩大秦始皇

 旅遊玩家

開放時間	平時7：30～17：00，香期4：30～17：00
門票資訊	平時門票20元，香期（初一、十五）免費
交通資訊	地鐵2號線、7號線【靜安寺】站

 由來介紹

　　張愛玲曾住在「愛丁頓公寓」，現稱之為「常德公寓」。

　　為什麼改名為「常德公寓」？答案很簡單，因為它就位在常德路195號。一代南方文學皇后昔日的住所，並不如想像中破舊不堪，反而有幾分現代感。

　　讓預期看到舊上海建築的人，一時有點難以調整過來，不過，倒也無妨，畢竟我們懷念的是她筆下的人物與精妙句子，而非她生活中的公寓，只是有塊地兒，有棟建築物，可以讓人憑弔，心裡感覺比較踏實一點罷了。

随身導遊

　　當中國遺棄張愛玲時，台灣的年輕學子深深擁抱了她，在台灣，喜歡張愛玲小說的人，不勝枚舉。張愛玲本人曾經來過台灣，後來她在美國的丈夫生病，得知消息後，她便匆匆趕回美國。

　　她的小說，如：半生緣、金鎖記、紅玫瑰與白玫瑰……等等，都曾經被拍成電視劇或電影，近期最有名的應該當屬李安大導演的「色·戒」，就連她本人的故事，也被拍成連續劇「她從海上來」，由劉若英主演。

　　張愛玲留下的名作很多，精句更是有一卡車，最有名又頗富趣味的當屬短篇小說《紅玫瑰與白玫瑰》裡頭，有大約以下這樣的描述：

　　也許每個男子全都有過這樣的兩個女人，至少兩個。娶了紅玫瑰，久而久之，紅的成了牆上的一抹蚊子血，白的還是「窗前明月光」。娶了白玫瑰，白的便是衣服上沾的一粒飯黏子，紅的卻是心口上一顆朱砂痣。

　　另外，在＜傾城之戀＞裡頭，也有以下精彩的人物對話：「一般的男人，喜歡把好女人教壞了，又喜歡去感化壞

的女人,使她變為好女人,我可不想那麼沒事找事做。我認為好女人還是老實些的好。」柳原道。

「你以為我跟別人不同麼?我看你也是一樣的自私。」流蘇瞟了他一眼道。

「怎樣自私?」

「你要我在旁人面前做一個好女人,在你面前做一個壞女人。」

柳原想了一想道。「不懂。」

「你要我對別人壞,獨獨對你好。」

這是在談戀愛,還是開辯論大會?邏輯性真強啊!

在小說裡,外頭正在打仗,男女愛情的戰場也正打得如火如荼,只是前者炸開的是房子、街道、身體,後者炸開的卻是人心。再多舉一個例子,也是在《傾城之戀》裡頭。

精神戀愛的結果永遠是結婚,而肉體之愛往往就停頓在某個階段,很少結婚的希望。這段在《傾城之戀》裡,借

人物之口說出來的話，最後印證在《紅玫瑰與白玫瑰》裡，不管男人有無跟代表「肉體之戀的紅玫瑰」發生過關係，最後還是會選擇娶白玫瑰。

在常德公寓附近，步行大約十分鐘左右，就可以看見鼎鼎大名的「百樂門」，百樂門曾出現在白先勇的「金大班的最後一夜」小說裡頭，就連那位「我揮一揮衣袖不帶走一片雲彩」的時代大詩人徐志摩，也曾與陸小曼來這裡跳舞娛樂，可以順道一遊。

如果預算有限，可以報名早上的茶舞，入內一窺究竟！

 貼心便利貼

張愛玲在這裡居住的時間為西元1939～1947年，約八年左右的時間，期間寫下不少傳世名作，如：傾城之戀、金鎖記……等等。

 省・錢・靈・籤

百樂門的大舞廳消費極其昂貴，不過，也有便宜時段可以讓人進去一解好奇心，如：非假日下午一點到四點半的「茶舞」時段，只要40人民幣，便可以一窺當年最繁華熱鬧的高級娛樂場所。

我是貴妃，她是南方文學皇后，我們都曾經被眾人高高捧在手心上，卻又被重重摔在地上，命運相似度高達70％，豈能不會一會？

皇帝行業老前輩秦祖宗，如此有才女子，咱們應該一同登門拜訪。

南方文學皇后張愛玲的故居，也該去瞧一瞧，畢竟我可是擠掉「金瓶梅」、穩坐中國四大名著「紅樓夢」巨著裡，翻滾出來的焦點人物，大家同是文學中人，應該一訪。

……李氏皇帝晚輩，你瘋了嗎？忘了老子我當年幹過啥事？焚書坑儒吶！

YES！ YES！ YES！ NO！

| 美食達人楊貴妃 | 勤學君王李世民 | 精打細算王熙鳳 | 聲勢浩大秦始皇 |

 旅遊玩家

開放時間	全天（只能外觀）
門票資訊	無
交通資訊	地鐵2號線、7號線【靜安寺】站
其它資訊	張愛玲以前常在公寓樓下的咖啡店逗留，雖然現在公寓樓下也有個咖啡店，不過並不是原址，但許多張迷還是會坐在此懷念一下張愛玲，只是消費價格偏高，就看每個人的選擇！

▶▶▶ 玉佛寺

星等評價：

就是熱愛自然★★

我愛大藝術家★★

只有這裡才有★★★

婆婆媽媽按讚★★★★

 由來介紹

俱有上百年歷史的玉佛禪寺，也是上海著名的寺廟之一。為什麼取名為「玉佛寺」？這是因為光緒八年時，慧根法師在此留下白玉釋迦牟尼佛雕像，有坐像與臥像，共兩尊，因此得名。

 隨身導遊

寺廟經過戰火摧殘，早已消失，今天的佛寺是後來再建而成的，鎮寺之寶乃是高190公分高的玉佛坐像。如此莊嚴的玉佛坐像，由一完整的大塊白玉精雕而成，是藝術中的瑰寶，也是宗教裡的至寶。

── 誰•會•說 YES！──

| 好驚人的大佛，令人忍不住興起一股靜穆之心。 | 民間信仰，值得一會。 | | 求人不如祈求己實在；靠佛，不如靠己靠譜。 |

YES! YES! NO! NO!

美食達人楊貴妃　　勤學君王李世民　　精打細算王熙鳳　　聲勢浩大秦始皇

 旅遊玩家

開放時間	平時8：00～16：30，香期（農曆初一、十五）5：30～16：30
門票資訊	20元，參觀其它景點另需門票
交通資訊	地鐵7號線【長壽路】站，步行約15分鐘，19路、206路在江甯路安遠路站下車

玉佛寺內的莊嚴佛像。

玉佛寺內的大雄寶殿。

▶▶▶ 雲南南路

星等評價：

就是熱愛自然★★
我愛大藝術家★★★★
只有這裡才有★★★★
婆婆媽媽按讚★★★★★

 由來介紹

在有限的預算下，又想嚐遍最道地的美食，到底該往哪裡去呢？

向來俱有最平民、最物美價廉的「雲南南路」美食街，絕對是最佳選擇！在這裡可以享用到的美食，有生煎饅頭、火鍋店、酒釀圓子、排骨年糕、南瓜餅、小籠包，一大堆上海小吃。

推薦人人稱讚的「五芳齋」點心店裡的「糖藕」，味道不錯，可以嚐嚐。也許有人好奇會問，五芳是哪五芳？其實就是桂花、蓮花、玫瑰、荷花、松花，總共五芳。

 隨身導遊

　　談起美食，風中總飄著這樣一句話「上有全聚德，下有小紹興。」可見小紹興魅力之大。

　　來這裡，別忘了進趟「小紹興」酒家吃喝一頓，如果想留點肚子吃小吃，可以點個白斬雞吃吃。

　　「小紹興」對白斬雞這道菜的選料跟製作，是出了名的講究，雖然別家店也有白斬雞，不過行家一吃，就能品出其中滋味不同，吃過就知道，這好名聲絕不是風中飄著的謠言，值得前往一嚐。

　　甚至還有一句話這樣流傳著，「美好人生『雞』不可失」，可見其魅力之大啊！價格方面也不算太貴，500g的白斬雞，大約30塊人民幣左右（約台幣150元）。

　　「生煎」，生煎饅頭是擁有百餘年歷史的上海小吃，也是道地的上海點心，等級大概跟台灣的蚵仔煎差不多吧？不曉得是不是巧合，兩位小吃天王，名字裡剛好都有一個字「煎」！

　　目前上海人最愛到哪裡吃「生煎」？

答案：「小楊生煎」。不管是從哪裡來的朋友，當地人幾乎都會把客人們帶去「小楊生煎」吃上一頓，除了生煎饅頭以外，別忘了再來碗牛肉粉絲湯，十分絕配！

 省 • 錢 • 靈 • 籤

「鮮得來」的排骨年糕跟「南翔」小籠包，味道都很不錯，價錢公道，建議可以一嚐。「鮮得來」在雲南南路上也有喔。

貼心便利貼

這裡的營業時間，大約從傍晚到深夜，可以很放鬆地走走逛逛，一邊吃，然後一邊物色下一樣要吃什麼。

 旅遊玩家

開放時間	全天（傍晚較有夜市氣息）
門票資訊	無
交通資訊	地鐵8號線【大世界】站，或由人民廣場步行過去也可

雲南南路上海最古老的蛋糕店。

雲南南路美食不斷。

誰·會·說 YES！

美食天堂，我最愛！

美食，也是文化精粹的一種表現。

物美價廉，絕對值得前來吃上一頓。

當初我的地下宮殿蓋了廚房，可我忘了有沒有把御廚也做幾個放進來。

美食達人楊貴妃

勤學君王李世民

精打細算王熙鳳

聲勢浩大秦始皇

▶▶▶ 上海新天地

星等評價：

就是熱愛自然★★

我愛大藝術家★★

只有這裡才有★★★★

婆婆媽媽按讚★★★★

 由來介紹

上海新天地是19世紀與21世紀擦撞下的時代光芒！

它融合了舊時代，以「中西合併」建築著稱的「石庫門」，與當代現代感的兩種建築物，甚至融入些許歐洲風格。這裡是新舊融合的交會點，也是新舊對話的空間區域。

在這裡，我們可以懷舊，也可以追求時尚，更可以從多種聚會、娛樂、購物中，不斷挖掘出新鮮的樂趣。

 隨身導遊

　　新天地很巧妙保留從19世紀留傳下來的「石庫門」建築外觀，讓時代況味一眼就植入人心。等我們循著年代風華進入後，才赫然發現，裡頭其實別有洞天，內部的陳設與設計是完全的現代，而且還是最新潮、最頂級的設備。

　　據說，成龍、曾志偉都曾經來這裡投資過，說這裡是上海最頂尖的時尚娛樂中心，一點也不為過。

　　所謂的「石庫門」，其實就是從傳統的四合院所改造，其象徵意義為：舊上海市民的一種生活方式。在19世紀後期，上海開始出現一種新建築風貌，在原本的木結構房子上加上磚牆，因為這類建築的外門，大多選用「石料」來做為門框，以實心木頭作為門扇，於是，便稱之為「石庫門」。

　　這種合併中西建築特色的建築物，帶出新的建築風格與文化，甚至在中國近代建築史上，留下引人注目的一頁。

　　現今留存下來的老石庫門已經不多，可以往光啟南路一帶看看，不過，速度一定要快，因為上海進步速度很快，這些屬於舊時代的東西，想要一直保存著其實並不容易。

十里洋場一朝夢

門前報福音　室內添春意

裕昌文裏杖業

石庫門。

貼心便利貼

19世紀的外觀，包裹著21世紀的生活方式，創造出另外一種獨特風情。

誰•會•說 YES！

最古與最新，
最衝突又最融
合的美感，值
得走訪一趟！

秦老祖宗，沒
料到你也有浮
誇的一面，還
講究時髦呢。

最新潮、最頂
級的設備？不
瞧不行。

| 美食達人楊貴妃 | 勤學君王李世民 | 精打細算王熙鳳 | 聲勢浩大秦始皇 |

 旅遊玩家

開放時間	全天
門票資訊	無
交通資訊	地鐵10號線【新天地站】，6號出口

▶▶▶ 徐家匯

星等評價：
就是熱愛自然★★
我愛大藝術家★★
只有這裡才有★★★★
婆婆媽媽按讚★★★★★

 由來介紹

　　上海商業與交通中心：徐家匯。如果來上海玩，住在徐家匯，可以發現有許多公車能從不少旅遊景點坐回來，交通相當便利，這是因為徐家匯位於虹橋路、華山路、衡山路、漕溪北路、肇嘉路，五路交會處，交通可謂四通八達。

 隨身導遊

　　徐家匯有上海最高人氣的購物街、太平洋百貨……等等，如果要購買電子產品，此處常常也是首選之地。而且這裡離上海體育場不遠，步行當逛街走個十幾分鐘就可以到達，如果想要到「長途巴士總站」，也就是先前提過的「上海旅遊集散中心」，轉往其他旅行景點相當方便。

區紐徐家匯。

貼心便利貼

除了交通方便之外，就連飲食、購物，也都極為方便。

熱鬧繁榮的徐家匯。

誰•會•說YES！

路上小吃多，就連一大早的早餐也有許多不同組合，有得逛、有得買、有得吃，玩得不亦樂乎！

出來旅行，省時省力很重要，這樣才能再多跑幾個景點，一次玩個過癮才划算。

YES！　NO！　YES！　NO！

美食達人楊貴妃　　勤學君王李世民　　精打細算王熙鳳　　聲勢浩大秦始皇

 旅遊玩家

開放時間	全天
門票資訊	無
交通資訊	地鐵1號線【徐家匯】站，3號出口

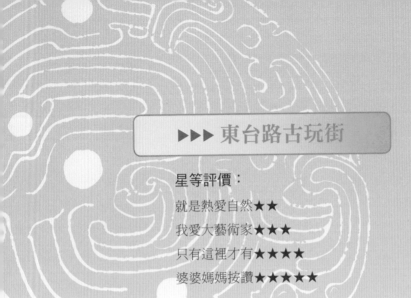

▶▶▶ 東台路古玩街

星等評價：

就是熱愛自然★★

我愛大藝術家★★★

只有這裡才有★★★★

婆婆媽媽按讚★★★★★

 由來介紹

　　東台路古玩街全長約莫200公尺，卻擠進了上百家小店，每一家小店所賣的東西琳琅滿目，唯一的共同點就是一個字：古。

　　對於喜歡掏寶的人來說，短短200公尺，可以花上好幾個小時慢慢走，當然也有人匆匆一撇而過，不到半小時就收工回家的，也大有人在。

隨身導遊

先前很流行後宮甄嬛傳電視劇，裡頭的「湯婆子」這裡有賣，頭蓋小小的，一轉開，裡頭肚子大的很，應該可以裝進不少熱水，確實可以當作暖暖包來用。另外，在博物館裡頭看到的溫碗，這裡也有賣，就連雲南婚嫁時用的美麗頭飾，這裡還是有賣！

老式電話、留聲機、三寸金蓮、字畫、摺扇、梳妝台、傢俱……等等，這裡應有盡有，也有一些外國人來買具有中國風的窗簾掛勾、項鍊、首飾……等等，這裡什麼都有，就看有沒有時間，好好靜下心來逛它一圈。

 省 • 錢 • 靈 • 籤

買東西時，請記得一定要好好殺價喔！一般來說，價錢至少可以先砍一半以上，別驚訝，如果聽到對方收購物品時的價錢，更會叫人跌破眼鏡，所以請別害羞，大刀闊斧地砍價吧！

不過有一點要特別注意，一旦出價，對方也同意，這東西可就非買不可囉，所以如果沒有購買意願，千萬不要亂出價，否則可是會被狠狠翻白眼的喔。

東台路古玩街。

誰•會•說 YES！

一窺民間販賣的古物，相當有趣。

只要判斷夠準，說不定還真讓我給挖到了什麼寶貝也說不定。

鳳妹子，要淘寶去我的地下宮殿準沒錯！何必跑去湊這熱鬧。

美食達人楊貴妃　勤學君王李世民　精打細算王熙鳳　聲勢浩大秦始皇

 旅遊玩家

開放時間	白天
門票資訊	無
交通資訊	地鐵10號線、8號線【老西門】站，5號出口

▶▶▶ 淮海路

星等評價：

就是熱愛自然★★

我愛大藝術家★★

只有這裡才有★★★★

婆婆媽媽按讚★★★★★

 由來介紹

夜晚，華燈初上，世界各國知名大品牌這裡應有盡有，不管是建築物造型，還是炫麗奪目的燈光效果，彷彿都在對人說，歡迎來到國際時尚流匯之地，這裡宛如法國巴黎的香榭大道，想要的名牌店應有盡有。

 隨身導遊

擁有上百年歷史的淮海路，有法國梧桐、浪漫咖啡館、時尚精品專賣店，非常適合在晚上徒步散步。如果逛累了，就鑽進一間咖啡店，等休息夠了，再漫步在頗富歐洲風情的街道上，享受逛街樂。

↑ 淮海中路上百貨公司的地下樓層，不是生鮮超
市，而是藝術空間！

↓ 在百貨公司光鮮亮麗的
裝潢裡，報名學做蛋
糕，不管是氣氛或場地
都非常享受喔！

貼心便利貼

　　走過專賣一堆稀奇古玩的古玩街，「打D」（坐計程車），不
過幾分鐘的車程時間，便能抵達總長約6公里的淮海路，上海城的
新與舊，腐與潮，有時候不過相隔幾條街罷了。

誰•會•說 YES！

鳳妹妹，各有各的好，要說打從心底喜歡，當然還是自家的東西好，但嘗嘗新鮮玩意也不錯啊。

回秦老前輩，那時候我哪看得上這些東西？綾羅綢緞才是珍品。

貴妃姐姐，妳穿過的錦衣，吃過的玉食，恐怕比這更加奢華吧。

李姓後輩，聽說你幹皇帝幹得不錯，唐朝首都長安是國際大城，你還被人稱作是「天可汗」，怎麼，他們沒進貢這點東西給你瞅瞅嗎？

美食達人楊貴妃　　勤學君王李世民　　精打細算王熙鳳　　聲勢浩大秦始皇

旅遊玩家

開放時間	全天
門票資訊	無
交通資訊	景點大多集中於地鐵1號線【黃坡南路】站至【陝西南路】站的中間

▶▶▶ 杜莎夫人蠟像館

星等評價：

就是熱愛自然★

我愛大藝術家★★

只有這裡才有★★

婆婆媽媽按讚★★★★

 由來介紹

　　杜莎夫人蠟像館幾乎全世界都有，普及程度，凡走過一趟歐洲的人大抵都知道，很多歐洲旅行大城市裡，都有座杜莎夫人蠟像館，在國際性大城市上海城裡，當然也不例外。

 隨身導遊

　　上海的杜莎夫人蠟像館，可分為以下幾大主題，「上海魅力」、「電影」、「音樂」、「運動」（例如：姚明）、「速度」、「歷史名人和國家領袖」、「在幕後」等七個大主題。

　　裡頭大約有80多個幾可亂真的蠟像，可以與蠟像們合影，也可以參加館內的互動式活動。

蠟像館在路邊的一種行銷方式，不少遊客爭相照像。

貼 心 便 利 貼

　　在南京路步行街上，會擺上一尊當作宣傳，好奇者，可以過去近距離瞧一瞧。

175

 旅遊玩家

開放時間	10：00～21：00（最後售票時間20：00）
門票資訊	成人全館通票150元，學生110元，兒童票價（身高低於1.3米以下）：90元／人，老年票價（年齡65歲以上）：90元／人
交通資訊	地鐵1號線、2號線和8號線【人民廣場】站，11號出口，位於南京西路新世界城，距離人民廣場站地鐵站步行1分鐘。
其它資訊	www.madametussauds.com/shanghai

▶▶▶ 老碼頭

星等評價：
就是熱愛自然★★★
我愛大藝術家★★★
只有這裡才有★★★
婆婆媽媽按讚★★★★★

 由來介紹

　　老碼頭，以前舊稱為「十六鋪」，跟田子坊一樣，也是屬於上海文化創意園區。

　　以前的老廠房、老倉庫、舊碼頭，用「創意園區」包裝上之後，開始湧入大批外國人來此消費，每逢假日，這裡舉辦活動時，可以看見絡繹不絕的外國人，紛紛搭乘計程車來此處聚會，熱鬧非凡。

　　老碼頭上有一塊人造沙灘，老外很喜歡在這裡開派對，假日前來，有時候會看見他們一手端著酒杯，群聚在被圍起來的沙灘上聊天、喝酒、聽音樂、辦派對，或者有人帶上一

整家子，坐在老碼頭外的餐廳裡快樂用餐。比起兩三年前，田子坊裡頭總是聚集許多外國人，老廠房的興起簡直是不遑多讓呢。

 隨身導遊

除了田子坊屬於「創意園區」裡的其中一個，另外還有位於沙涇路10號與29號的「1933老廠坊」、建國中路8～10號的「8號橋」、太倉路181弄的「新天地」、以及中山南路479弄的「老碼頭」。

在上海想要靜靜欣賞黃浦江之美，有以下幾個去處，排行榜如下：

第一名：外灘。原因：夾在古今中外的歷史洪流之中，要古意有古意，要現代有現代，想吃喝有各餐廳，一次滿足人多種願望。

第二名：陸家嘴。理由：許多跨年活動與高級奢華聚會，都在這裡舉行歡派對，占盡建築物之高與江面廣闊之美。

第三名：**老碼頭**。名目：標榜「創意園區」的新興勢力，不可小覷。

碼頭裡的其中一景。

貼心便利貼

老碼頭江邊的人造沙灘，並不是免費進入，需要20元人民幣。

誰•會•說 YES！

我快從「好學帝王」，變成「好奇帝王」了。

人造沙灘，去瞅瞅，我的地下宮殿似乎也沒放這玩意。

美食達人楊貴妃　勤學君王李世民　精打細算王熙鳳　聲勢浩大秦始皇

 旅遊玩家

開放時間	全天
門票資訊	無
交通資訊	地鐵9號線【小南門】站

可以嘗試在此處黏上
自己去旅遊所拍攝的照片
並寫下當時難忘的記憶

隨手小品：

可以嘗試在此處黏上
自己去旅遊所拍攝的照片
並寫下當時難忘的記憶

隨手小品：

可以嘗試在此處黏上
自己去旅遊所拍攝的照片
並寫下當時難忘的記憶

隨手小品：

可以嘗試在此處黏上
自己去旅遊所拍攝的照片
並寫下當時難忘的記憶

隨手小品：

可以嘗試在此處黏上
自己去旅遊所拍攝的照片
並寫下當時難忘的記憶

隨手小品：

Chapter 06

魅力上海——食篇

老店鮮得來

地址：雁蕩路9號
交通：黃坡南路站
一號出口
往淮海中路西邊走
約五分鐘

學生、老人、主婦都往門的餐館！

有套餐，也可單點，設計的很貼心！

價格實惠 是可以輕鬆吃飯的店！

价目表

第一次吃排骨配年糕，感覺好奇妙！

位在雁蕩路9號的鮮得來，是上海的老店，也有很多家分店！有老店的名氣，但沒有老店的派頭，是家親切的店，男女老少都愛光顧，其中令我好奇的「排骨年糕」，排骨的入味，讓人一口接一口，炒年糕不同，只是單純的白年糕，配著排骨的醬汁，竟也成奇什麼是一種獨特的風味。我還好辣醬麵(8元)，所以點了一碗，原來，辣醬麵可不是乾麵喔，而是清湯麵，上面放了一是辣醬和小豆腐干，也算清淡好吃！

排骨年糕 9元/客

老店
味香齋

地址：雁蕩路14號
交通：黃坡南路站
一號出口
往淮海中路西邊走
約五分鐘

當地人大排
隊也要吃的
超級老店！

味香齋

在鮮得來對面！

在淮海路上走著走著，被一家門前大排長龍的店所吸引，那店小小、舊舊的，可看著門口的人們心甘情願的排隊，當下立馬上加入排隊行列，因為這種不起眼的小店，通常就是暗藏美味的老店啊！

果然，排在前面的大叔說：「麻醬麵是招牌，那醬～唉唷～濃的～得使出吃奶的力氣攪拌，醬裡除了有花生醬、芝麻醬，還有老闆的獨家祕醬，再加上辣油、蔥花～那味道我每到上海必吃！」他還建議要點個小牛湯，或是炸豬排，小牛湯是用大塊大塊的牛腿骨去熬的，炸豬排則是他的個人喜好，大叔還說了，這裡的服務超級不好，但味道超級好，是正港在地「吃貨」才知曉的好味道！

世亮火鍋

時間：11:00--04:00
宵夜可
地址：仙霞路661號
交通：
婁寧路站三號出口
婁寧路往南走

比臉盆還大的火鍋盆是殺手級的!

有著「美食街」美稱的仙霞路上，有家「世亮火鍋」，營業時間從中午到宵夜，最大的特色便是比臉盆還大的火鍋盆，端上桌的瞬間總讓人驚呼連連！湯底魚片滑嫩新鮮，店家自製牛肉丸、魚丸更是必點的料，沾醬需另點，不過2~3人吃一碗即可，一般都點特色醬，麻辣醬請不要輕易嘗試，除非你在吃辣界是屬於「超人」級的，且已準備好止瀉藥和胃藥！

4~6人去吃最適合！

自製牛肉丸 38元

金針菇 10元

香菇 10元

雪花牛肉 58元

麻辣沾醬6元

特色沾醬 6元

自製魚丸 38元 必點！

暗黑串燒

時間：傍晚至晚上
地址：隨處可見
注意：吃串燒極容易拉肚子，請考慮自己的狀況，最好準備好胃藥和止瀉藥！

什麼都能烤
什麼都不奇怪的串燒！

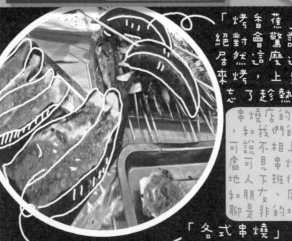

「烤香蕉」
香蕉適合烤，上桌後別急著大快朵頤，這麼燙，絕對會燙傷你，當然也別忘了趁熱吃！

串燒店的普及度，和我們的雞排店不相上下，可見串燒是許多人下班後，和朋友、同事聊是非的好去處！

「各式串燒」
因為每串的價格不高，很容易點一大盤，然後大家一邊吃一邊聊，別忘了帶飲料，會很渴！

「烤茄子」
整條茄子下去烤相當豪邁，茄子被烤的軟軟爛爛的，入口即化！

「烤軟骨」
烤起來脆脆的，相當好吃

吃？還是不吃？

「烤扇貝」
扇貝上會放醬蒜味是王道！

田子坊
「丹」

價格：
咖啡 50~100/杯
套餐約120/份
地址：
泰康路248弄41號
（田子坊內）

悠閒的午後
偶爾奢侈一
下吧！

位在田子坊裡的「丹」是由日本人開的咖啡店，手沖咖啡是店的特色，簡餐則以養生為主，麵包中，含有健康的五穀雜糧和枸杞喔！

雜肉沙拉的麵包是相當健康的五穀雜糧麵包！

東台路
豆花

時間：白天
交通：
老西門站五號出口
東台路古玩街街口

夢幻豆花逸品~可遇不可求！

在東台路古玩市場前的十字路口，遇上美味的豆花！棉密雪白的豆花，散發濃郁的豆香，口味有甜、鹹兩種，在台灣較少吃鹹豆花，於是點了鹹的口味，因為很難想像豆花加了辣油、香菜、蔥、蝦仁、酸菜、海帶芽，是什麼味道？

這一吃，驚為天人，好嫩的豆花啊！配上這些佐料吃，不但一點都不突兀，反而相當滑嫩、美味！

香菜

酸菜

蝦米

到現在想起來還是會流口水耶～～

189

在隱秘弄堂裡的「窩」

價格:餐點 約50元 / 飲料 約50元
電話:021-52123950
地址:巨鹿路786弄66號1樓
交通:地鐵靜安寺站,往巨鹿路方向約走
10分鐘(與百樂門反方向)
註:假日不接受訂位。

要認66
號喔!

店裡充滿復古小物、花卉的佈置,中式復古中又帶點西洋的華麗,相當愛到女性們的喜歡喔!

在786弄的弄堂裡,「窩」害羞的躲在巷子最尾端!第一次來盡量選擇白天,或有熟人帶路較佳,因為在私宅區要鼓起勇氣走到底,找到門牌66號的屋子,並不容易!當時的我,便是帶著疑惑的心情:這裡真的有餐廳嗎?來到可愛的窩!這裡與其說是餐廳,不如說是私房秘密聚會場所,幽暗的燈光、精巧的佈置,讓人有身處19世紀初的上海,我們可能是時髦的上海小姐,也可能是情報員,在外表看似平凡的住宅內,密秘的交換情報!

店裡面還養了貓咪喔！

濃濃的熱可可上面還有棉花糖，喝一口，感覺與好幸福喔！

窩的餐點好吃極了，無論是時蔬鮮果燴飯，還是海鮮義大利麵，每盤餐點都料多實在、新鮮好吃，就連我最害怕在飯裡吃到的——水果，也能搭配的剛剛好，保留水果的鮮甜，又能融入口感是熱的、鹹的燴飯中，每一口都讓人享受！飲料與甜點絕對會讓女生們驚喜，無論是濃濃醇香的熱可可，還是店家自製的冰沙、奶昔，都能感受到食材的新鮮與實在！服務員的服務態度很好，對於菜單有任何問題，都會詳細解釋！

191

豫園 南翔饅頭店

時間：白天至晚上
交通：地鐵豫園站
豫園老街內

路上有指示牌指引，不怕找不到！

南翔饅頭店

鮮肉小籠
12元/16只
蟹粉小籠
20元/16只
蟹黃灌湯包
15元/只

第一次用吸管吃「湯包」，感覺相當新鮮，不過吸完湯汁後，裡面什麼都沒有，感覺有點空虛。

原來沒有肉啊！

饅頭的由來……

三國時期，諸葛亮為了鼓舞士氣，於是將面粉操成人的頭樣，蒸熟，祭祀河神，此後流傳下來，隨著地域發展，北方沒有饀的為饅頭，有饀的為包子，而在南方則統稱為饅頭。所以這裡賣的其實不是饅頭，而是類似我們的小籠包！

鮮肉小籠
12元/16只

蟹黃灌湯包
15元/只

屬於上海的懷舊老味道點心！

認這個招牌喔！

沈大成早在30年代便已享譽盛名，它的成立更可追溯到1875年，那是清朝的光緒6年，創始人沈阿金意欲為集風味小吃之大成，因此將店名取為「沈大成」。近代更有「上海點心大王」的稱謂，是許多上海人，老一輩的回憶，店有分外賣區和內用區，外賣區購買的人多為叔叔、阿姨，也有可愛的老阿嬤，看著他們像孩子一樣，買到後迫不及待的分食，也讓我好奇的上前購買來嚐嚐。

綠色的糕糰Q彈，還有股青草香，紅豆餡甜的剛好，要趁新鮮吃，口感較佳，另外有名的還有條頭糕、壽桃糕等等！

皮Q餡香！

異國風
老外街

時間：餐廳與酒吧
地址：虹梅路3338弄
　　　至虹許路797號
交通：龍溪路站2號
　　　出口虹梅路往南

彷彿來到了北京什剎海的酒吧街～

因為太多外國人在這，反而有來到西方國家的感覺！

6月

老外街以西式酒吧為主，所以有許多外國人來此用餐、喝點小酒，走在街上，life表演樂音飄揚在整條街上，不禁令人有放鬆、悠閒的感覺；這裡吃的東西主要以批薩、薯條、調酒等為主，另外，在足球賽賽事時，有的店還提供球賽轉播喔！

吃到飽好倫哥

時間：
午餐 10:30~14:30
晚餐 17:00~21:30
午49元/晚56元
地址：
南京東路690號2樓

金髮外國人和上海老阿嬤都來吃！

南京東路步行街上的「上海時裝商店」外觀是優美的西式建築，許多老字號的百貨，一樓更是許多老上海的婆婆媽媽都還會到這裡買衣服、買料子，而隱藏在二樓角落的「好倫哥」西式自助吃到飽餐廳，不止是上海阿嬤，連金髮外國人都來這裡吃喔！

餐廳以披薩、義大利麵、蛋糕等西式餐點為主，食物雖稱不上精緻，但來這兒敞開腿加飽餐一頓，也不失為一種好選擇！

在上海時裝商店的一樓下，有一塊小小的綠色招牌，示意餐廳在二樓喔！仔細看喔！

外觀是西式白色洋建築！

60歲以上的老人家還有優惠喔！

OriGus 好倫哥
休閒自助西餐廳

司令西點黑店

價格：
蛋糕 約10元/個
咖啡 約40元/杯
地址：
南京西路1001號

在十管，海令憶
點月，改變上記
西經史經許，某八分
令已歷於部門
司海的觀言而他一
當上年外但人是的

司，後需蛋糕消憶
蛋糕須過價的必味
了回的點糕
點不與蛋糕
店，史蛋
西京用歷於
點樓是
是樓裡，大過
一到在值道

我是白脫栗子蛋糕，「白脫」是牛油(butter)，也叫黃油，其實就是奶油蛋糕，口感和鮮奶油差不多，不過味道是甜的。

我是奶油栗子蛋糕，我們兩個是這裡的明星喔！

門牌剛好是1001號，加上電影的特務橋段，真是引人暇想。

中話備於木裝不
戎電灘十目，滿人可
色打，偉源店當在
影唯宏朝是咖色不感
在湯力涨便令過已禁
王糕，司不頂
電影年復，月

張愛玲 與 紅房子

價格：
麵類約40元
肉類約100元
地址：
淮海中路845號

屬於上海老一輩的青春回憶之地！

就是這裡！

紅房子上海式西餐館的第一家喔！可是第一菜！

當年張愛玲領到稿費後，想請姑姑來此吃飯，卻被姑姑打趣道：「就妳那點稿費，喝碗湯就沒了。」張愛玲是個趕時髦的女子，由此可見，當時紅房子在上海有多麼火紅了！所以在當年，很多情侶的第一次約會都在這裡，不僅顯得隆重！所以紅房子成為許多上海爸爸媽媽的青春回憶之地，不過現在，已經很少有年輕人會來這裡約會了，但許多父母會帶著自己的小孩走過的愛情路！讓他們一同見證父母來這裡，

新茶館 宋芳

時間:10:00-19:00
地址:
上海永嘉路227號
交通:
陝西南路站五號
出口往南

中法文化交流的文化產物！

這裡可以品茗也可以買茶葉喔！

宋芳茶館位於上海舊時的法租界，是這裡的標誌！它的名字「宋芳」是老闆的名字，她是一位美麗的法國女子，生於巴黎，卻愛上東方茶文化，因此2007年於此開設她所熱愛的「宋芳茶館」，與大家分享中法文化！店內不止有茶可供大家購買，在店內也有可愛的茶具可供選購，店內還會讓愛「茶」的人愛上這個地方！

宋芳美麗的天藍色是老闆設計的法國方式，絕對讓這個地方，其它樓層設計也深……

藝文百貨
KII

地址：
淮海中路300號
交通：
黃陂南路站
三號出口

超有創意的複合式百貨大樓！

餐廳的菜圃，不知道顧客能不能親自去摘菜呢？

KII就位於熱鬧的淮海中路上，從地鐵黃坡南路站3號出口，出來即到，地下樓層除了有朋友可以一起上料理課的廚房空間，還有廣大的藝文展覽場地，各種的影像創作、裝置藝術都可在此展覽，且不定期更新，樓上則是許多創意餐廳。
有多創意呢？一家農場風格的餐廳在百貨裡面，利用燈光種菜給顧客吃，夠創意了吧！

這到底是真人還是假人呢？

全民小吃 麻辣燙

時間：
午餐至宵夜
哪裡有：
路邊攤販、店面
有許多店家

好吃的麻辣燙已經變成全民小吃了！

在上海隨處可見的「麻辣燙」，可以說幾乎已經變成了全民小吃！

有點像我們的熱炒味攤，自己選料，然後交給老闆煮熟，大一點的店都有座位可以坐著吃。

每樣東西的單價不高，從一份1元～4元(人民幣)不等，青菜、海帶、豆腐類的大多是1元，肉類、丸子、內臟類的比較貴，煮好的一碗除了料還有湯，講究一點的店會詢問「辣」和「麻」的程度，每家店都有自己的獨門配方，聞起來有特殊的香味，喜歡吃辣的朋友，可以嘗試看看，說不定，你會和我一樣，　　　　　愛上麻辣燙喔！

開動～～

點餐的秘訣就是：搞清楚1元區在哪裡，然後猛夾1元的料，就能把控制在10元內，又吃的「飽飽飽」喔！

200

小楊生煎包

哪裡有:
各大百貨的美食街
可以尋找一下
在上海有相當多
的分店

當地知名的生煎包,有很多分店!

小楊生煎包的底部煎的脆脆的,裡面肉汁滿滿,有朋友說,他每次來到上海做的第一件事,就是先衝去吃小楊生煎包呢!

一份四個
不會很大!

和台灣的水煎包比,不知道哪個好吃咧?

水城路夜市

時間:凌晨12點後
地址:水城路
仙霞路至虹古路段
中間
因時間較晚,
需注意安全!

像灰姑娘一樣~轟~的一聲出現了!

位在仙霞路與虹古路中間的水城路,是夜市所在的區域,在十二點前,街道還是一片冷清,但十二點一過,整條街不但燈火通明、人聲鼎沸,從吃的,到衣服、用品各種攤販好像被魔法變出來了一樣!想前來的人請注意回程交通以及安全問題!

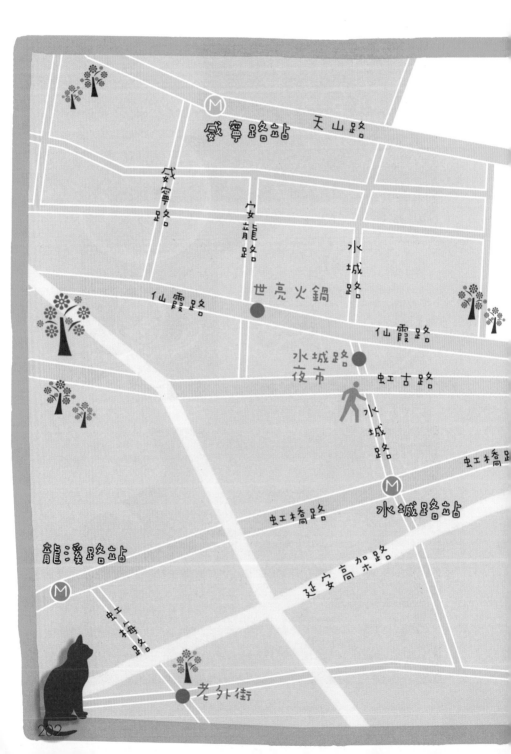

世亮火鍋
時間：11:00-04:00（宵夜）
地址：仙霞路661號

威寧路站三號出口，威寧路往南走。

水城路夜市
時間：凌晨12:00過後
地址：水城路

地鐵水城路站1號出口往北走，以仙霞路與虹古路中間為中心。

老外街
時間：晚餐及酒吧
地址：虹梅路3338弄至虹許路797號

龍溪路站2號出口往虹梅路往南。

霞路上有許多美食，大約分佈在霞路400~800號之間，除了有好吃餐廳之外，仙霞路和水城路的交口往南，是一條名符其實的「夜」街，原本冷清的街道，像灰姑的魔法一樣，在凌晨12點後，瞬出現了大量的攤販與小吃，讓人嘖稱奇！不過這一帶也有較多的月場所，建議要前往的人，多約些人同行較安全！

虹梅街因聚集許多西式餐廳、酒吧、老外而別名老外街，晚上來到這裡，有一種到了北京什剎海的錯覺！

要注意安全喔！

可以嘗試在此處黏上
自己去旅遊所拍攝的照片
並寫下當時難忘的記憶

隨手小品：

可以嘗試在此處黏上
自己去旅遊所拍攝的照片
並寫下當時難忘的記憶

隨手小品：

可以嘗試在此處黏上
自己去旅遊所拍攝的照片
並寫下當時難忘的記憶

隨手小品：

可以嘗試在此處黏上
自己去旅遊所拍攝的照片
並寫下當時難忘的記憶

隨手小品：

可以嘗試在此處黏上
自己去旅遊所拍攝的照片
並寫下當時難忘的記憶

隨手小品：

Chapter 07

魅力上海──
住宿&交通篇

上海『住宿』——推薦住宿區域

◎ 地鐵徐家匯站：

在市中心的旁邊，有三條地鐵經此站，最方便的莫過於1號線直通人民廣場（上海市中心的中心）、上海火車站，另外上海旅遊集散中心，就在上海體育場站旁邊，步行可到；與最方便的二號線，和十號線只隔一至兩站，另外此區原為法租界，道路寬闊，購物街道種植高大樹木、百貨林立，不但有許多公車在此交匯，也有機場巴士站在此停留，無論是前往機場，還是在市內旅行都相當方便。

◎ 地鐵二號線上：

住在二號線上的好處是，無論要往浦東，還是虹橋機場，都相當方便，甚至又新又大又方便的虹橋火車站也在二號線上，如果要搭火車去近郊遊玩，例如蘇州、杭州等很便利，而且地鐵不用換線能直達市中心的「人民廣場」及東方明珠的「陸家嘴」站，因此二號線可以說是上海最方便的地鐵線！

上海『行』篇

◎ 如何從機場到市區：
　上海有兩個國際機場，分別是浦東國際機場，和虹橋國際機場。

◎〔上海浦東國際機場〕→上海市區

車種	停靠站	時間	價格
磁浮列車	浦東機場站——龍陽路站（地鐵二號線）	單程約為8分鐘 頭班車：7：02 末班車：21：32	普通單程票50元/人
地鐵	二號線浦東國際機場站（注意：需在「廣蘭路站」換乘車廂，不需出站）		依里程
公交機場一線	浦東機場到虹橋機場		單程票價30元
公交機場二線	浦東機場到機場城市航站樓	航站樓發車時間為AM5：30，每班間隔15分鐘	單程票價22元
公交機場三線	浦東機場到銀河賓館，途經龍陽路地鐵站和打浦橋站	銀河賓館發車時間為AM5：30，每班間隔15分鐘	多級票價，全程20元
公交機場四線	浦東機場到虹口足球場，途經大柏樹、五角場	虹口足球場發車時間為AM5：40，每班間隔20分鐘	實行多級票價，全程22元

公交機場五線	浦東機場到上海火車站，途經東方醫院、人民廣場	火車站發車時間為AM5：30，每班間隔20分鐘	多級票價，全程22元
公交機場六線	浦東機場到中山公園（安化路定西路），途經延安西路華山路、延安中路石門一路、老西門、張揚路東方路、龍陽路地鐵站、張江高科技園區（科苑路）、浦東國際機場站	首班車6:00；末班車23:00，間隔15～25分鐘	全程24元
公交機場七線	浦東機場到上海南站		全程票價20元
公交機場環線	浦東機場候機室到航城園	航城園發車時間為AM8：30	票價3元
公交世博15路	浦東機場到世博園區4號門（白蓮涇出入口）	浦東機場首末班車發車時間8：00～20：00，世博園白蓮涇出入口；首末班車發車時間9：00～次日01：10	票價7元

◎ 【上海虹橋國際機場】 → 上海市區

車程	停靠站	價格
地鐵二號線	虹橋2號航站樓站	依里程計費
地鐵十號線	虹橋1號航站樓站 虹橋2號航站樓站	依里程計費

◎ 火車

上海有4個火車站：上海站，上海南站、虹橋火車站和上海西站。

站名	地鐵	公交
上海站	1、3、4號線， 「上海火車站」	13路、223路、234路、306路、332路、63路、955路、767路、58路、南新专线、沪唐专线
上海南站	1、3號線 「上海南站」	973，144，867，上朱線，機場七線，上嘉線，上石線，上奉專線，315，南南線
虹橋火車站	2號線和10號線， 「虹橋火車站」	虹橋5路（至奉賢南橋）、虹橋6路（至青浦新城）、虹橋7路（至金山新城）、虹橋8路（至金山朱涇）、虹橋10路（至松江新城），236，763，729，747，803，180，301夜宵線，303夜宵線，341夜宵線
上海西站	11號線 「上海西站」	01路空調；106路；129路；319路空調；742路；768路；944路；966路；966路空調；長征1路空調

如何買火車票　www.12306.cn

這是一個相當好用的大陸火車票查詢官網，雖然也可在上面訂票（需加入會員，要有銀聯戶頭及大陸手機號碼），不過網站有時不太穩定，不建議線上購買，最好請當地人代購，或是查好車班資訊後，到當地再持台胞證前往購買。需注意的是，大陸預售火車票，每張票都會加收5元人民幣手續費。

最常利用的選項為：「餘票查詢」，以及「車票價格查詢」。裡面有詳列班車時間、票價、剩多少票等資訊，另外有趣的是，查詢時要輸入的「驗證碼」，例如出現：7＋？＝12，這時你得在答案框中輸入「5」，才是正確答案喔！

火車代號名詞解釋：（依照速度快至慢）

英文	車種解釋
G	高鐵
D	動車，時速最快可到250公里
Z	直達特快車，中間不停站，是城市點對點直達車。
T	特快車
K	快車

火車座位如何選擇：（依照等級由高到低）

過夜火車	
軟臥	四人一間房，有門可關上，左右兩邊各有一個上下舖，下舖比上舖來得方便些，尤其是年紀大的人最好訂下舖。
硬臥	六人一間房，沒有門，等於躺下時腳旁再過去就是走道了，較沒有穩私，但也不致於到不舒服或危險，棉被一矇其實別人也看不太到自己，下舖的床還未到休息時間時，常會被睡上舖、中舖的人當座位坐，作者經驗是，告知對方自己要休息了，看起來還算斯文的老伯，便離開我的床位，坐到走道上的折疊座椅。 另外這種六人硬臥的中舖和上舖，攀爬較危險，老年人最好還是要盡量訂下舖的位，中舖和上舖，空間較狹小（只能躺），但較有穩私，且不會被當座位坐。
軟座	一排為2+2座，每輛車幾乎都有軟座車廂。
硬座	一排為3+2座位，兩排面對面，人群較多較雜，也比較吵鬧，建議想休息的人還是要盡量訂臥舖，不要因為省錢，而使得自己隔天睡眠不足，影響遊玩品質。
不過夜火車	
一等座	等於我們的高鐵商務艙座。
二等座	等於我們的高鐵普通座。

基本上過夜的火車上，都會有洗漱間，所以火車上即使不能淋浴洗澡，但刷牙洗臉還是可以的，用品請自備。

另外火車上有免費熱水提供，可以準備好碗裝泡麵和乾糧，那便能舒服渡過一晚，不然車上也有販賣許多吃食，只不過價格當然沒有自己準備來得便宜。

車上不管軟臥硬臥都會準備枕頭和棉被，感覺挺乾淨的，不過沒有插座，小桌子下可以擺兩個登機箱，高度、寬度剛好，更大尺寸的行李恐怕會有點困難，建議如要搭火車的人，不要帶超過登機箱尺寸的硬殼行李箱。

善用「上海旅遊集散中心」

在地鐵「上海體育館」站外，有相當方便的「上海旅遊集散中心」，這裡提供許多「上海近郊巴士遊」，有一日、二日、多日行程，還會不定期推出特惠行程，網路上可查詢最新活動及內容，建議在遊玩日期前提前至現場購買車票，以免白跑一趟。售票處在地下一樓，往西塘、烏鎮、周庄、南通、朱家角、大觀園等，多條路線都可在此一次購買。

購票處旁也有火車票代售處，火車預售票手續費5元（每一張票），在這裡可以一次買好火車和巴士車票，感覺挺方便的，只不過別忘了買火車票要帶台胞證喔！

上海旅遊集散中心的火車票代售處資訊：

營業時間：8～17時（請盡量避開11：30～12：30時段，因為人員調動，有時這段時間為員工的休息時間）

代售處最多可預售18天（含當天）的車票，下午三點前預售17天車票，下午三點後，開始賣第18天。網路及電話預售為20天，一樣在下午三點過後售票。

市內用地鐵卡

在上海市內就用地鐵卡！就像在台灣用悠遊卡一樣方便！無論搭乘地鐵還是公車，都可以用，省去準備零錢的麻煩，首次辦卡需支付卡片押金，另外加錢儲值，等到離開時，將卡退掉，便可拿回剩下的錢及押金。

另外有地鐵一日卡、三日卡。

上海地鐵每進出站一次，至少需2～4元人民幣不等，依搭乘里程計算，大家可依自己的行程安排、一天會使用的次數計算，看哪種方案較適合自己。

一日卡	18元，從刷票進地鐵站時開始算，24小時內無限次搭乘上海地鐵。
三日卡	45元，從刷票進地鐵站時開始算，72小時內無限次搭乘上海地鐵。

觀光大巴士；上海有三條觀光大巴士車路線

紅線	城市遊	南京路（新世界城）→人民廣場→上海美術館→南京路步行街→外灘A站→外灘B站→十六鋪浦江遊覽碼頭→豫園→新天地→南京路（新世界城）	09:00～17:00，每半小時一班
綠線	古寺遊	南京路（新世界城）→上海市博物館→淮海路→靜安寺→波特曼酒店→玉佛寺→上海美術館→南京路（新世界城）	09:15～17:15，每小時一班
藍線	浦東遊	外灘A站→外灘B站→東方明珠→上海環球金融中心和金茂大廈→老碼頭→十六鋪浦江遊覽碼頭→外灘B站→外灘A站	09:45～17:15，每45分鐘一班

　　註1：大巴士上配備語音講解，有下列語言:國語、英語、日語、韓語、法語、德語、西班牙語和俄語。

　　註2：在上、下班高峰時期（7點～9點，17點～20點）路上容易堵車，不過在路上觀看城市繁忙的樣子也不失一種趣味！

購票處：（請向穿著大巴士統一制服員工購買巴士票）

一、南京路（新世界城，購票時間：09:00～17:00）

二、外灘旅遊諮詢中心，購票時間：09:30～16:30

三、玉佛寺，購票時間：09:30～16:30

作者的經驗談——浦東機場地鐵站不可退卡？

　　關於地鐵卡的退卡經驗，作者曾有驚嚇的經歷，因為事先知道不是每一個地鐵站都可退地鐵卡（浦東機場站也是），於是在前往機場，準備「撤退」的路線上，已經事先想好，到離機場最近的地鐵站退卡，然後再買單程票至機場站，誰知道——

　　居、然、不、能、退，原因是：退卡時間為9～19時！

　　但我們不可能在地鐵站等到九點退卡，再繼續前往機場，因為我們的班機時間九點要到機場辦理登機手緒，這下可怎麼辦才好？

　　當下我們決定，不管如何，先到機場再說！

　　畢竟卡片的押金可以不要，但班機可不能錯過啊！

　　到了浦東機場站後，我們不死心的再次詢問站務人員（因為記得之前在機場退過卡！），還好皇天不負苦心人，站務人員告訴了我們一個退卡的地方……

原來，地鐵站不能退，但浦東機場還有一個「磁浮列車服務站」，那邊就能退卡了！不過走過去要一點時間，所以我們分工合作，一個跑去退卡，一個在原地顧行李，順便看我們的班機是要去第幾航廈辦理登機手續。

還好最後有驚無險，雖然耽誤了一點時間，但還在安全範圍內，順利的辦理登機。所以說，大家在前往火車站、機場這種大交通的搭乘時，要預留多一點時間，以免有突發狀況發生，才不會措手不及！

上海旅遊不可不知

1. 需要避開的日期
大陸的五一假期、十月國慶日假期、春節等重大節日，如沒有特殊原因，請盡量避開，因為不但各式門票、住宿、交通價格飆漲，且一票難求，重大觀光景點更是人滿為患。

2. 買票必找官方賣票處
在大陸旅遊會有私家旅行社、拉人、拉車的情形，雖然上海是個較先進的城市，這樣的情形相對較少，但在上海旅遊集散地的售票處外，還是會有私人車拉人上車的情形，請不要接受，一定要找公家單位買票、搭車，絕不要貪小便宜，以免吃虧上當。

3. 什麼插座都能通

大陸的插座可說是萬用的，因為在牆壁上的孔插就有各式各樣的孔插設計，所以只需帶一個多接插頭即可，不必再帶轉換插頭。

4. 搭火車一定要注意的

搭火車一定要提早到火車站，並且準備好台胞證和票，大陸的火車站是你有購票才能進入火車站大廳，比較嚴格的會同時檢查你購票的證件和票（核對是不是同一個人），還要檢查行李（像機場一樣的X光檢查）！萬一遇上人多大排長龍的話（不可小看億萬人口的國家呀！）那可真是會欲哭無淚！

而且大陸火車很特別的是：在開車前5分鐘閘口可就關起來了！這點和台灣可以趕在車門關上最後一秒之前，跳上火車大不相同！

會這樣說，是因為我們曾經有過一次驚險的事件，因為在上海虹橋火車站搭過一次車（那天沒什麼人），從出地鐵到火車站，經過X光檢查等，一路非常順暢，致使我們在隔天又要去搭火車時，時間抓的太緊，一到入口處，發現大排長龍，而我們的火車再過不久就要開了，這時候怎麼辦呢？想來是待在大陸玩久了，總覺得法理之外，在特別講究人情

的東方，應該可以通融一下，讓我們插個隊先行進關。於是我們分工合作，一人排隊，一人衝到入關處，我把台胞證、車票準備好，拿給擋在關口控制人數的小姐看，詢問她能不能讓我先進去，我的火車時間快到了，接著用「著急的臉、誠懇的眼光」，加上火車票為證，證明我是真的趕時間，不是故意不排隊。

這時候，奇蹟出現了！

那小姐不動聲色（想來要是太大聲嚷嚷，怕大家都不排隊），只是在下一波要放人入關時，小聲的說：「還不趕快進去」，便讓我們先行通關了！

好險有那位小姐好心放行，我們才能順利搭上車，不過為了避免這樣緊張的事件重演，我們決定還是依照以往的習慣：在火車出發時間提早一小時左右到達火車站（半小時實在讓人神經緊張）。

其實大陸的火車站（大站）都滿大的，光是走路、找路、找月台、驗票等，還要拖著行李，再加上有時出門拖拉一下，時間總是很快就過去……經過了這次事件後，我們寧可等火車，也別讓火車等我們！（何況火車根本不會等……）。

5. 地鐵不一定有電梯

雖然上海已經是個很先進的城市了，但這裡的地鐵也不一定有手扶梯和電梯，因此有大行李的人最好盡量選擇路面上的交通工具，例如：大巴、公車、計程車，避免最後要搬行李的窘境。

如何抓預算──作者的花費預算一覽表

旅行最難抓的就是預算，如果還要換外幣更是頭痛，換多換少都相當麻煩，以下是作者每次旅行使用的筆記術，每當自己控制的剛剛好時，都會覺得相當高興。掌握以下重點，妳也可以輕鬆規劃預算喔！

重點一：能查到的價格就先查，寫入表中！

重點二：查不到的就依自己的習慣抓，公車族在小交通就很省，習慣用計程車移動的人預算就要抓多一點；餐費的話一定要吃館子的就抓多一點，喜歡吃小吃的抓少一點！

重點三：表格可依自己需求增加減少，並且最好依照行程順序列下來，如此一次，除了知道自己的預算，還能知道哪些車票、房間、資料還沒訂的、找齊的，依著表做就不會漏嘍！現在，趕快規劃你的旅行預算表吧！

以下以到上海旅遊一個星期為例。

	單價	天數/次數	己付款／刷卡	合計（需換外幣）
機票	1～1.5萬	1	己付款	0
機場到住宿	8／地鐵	2（來回）		16
住宿	200／2人	6天（最後一晚飛回來，不必住上海）		600
吃飯	50／人	7天		350
小交通	4／次(依路程遠近會有價差，先以最低價格)	7天*3次（保守估計）		84
大交通（上海郊區來回）	西塘一日遊	1		100
其它／禮品				
小計				1150（基本開銷）

註1：除機票外，使用人幣計算。
註2：此表請依自己的行程增加減少表格。

	單價	天數／次數	己付款／刷卡	合計（需換外幣）
機票				
機場到住宿				
住宿				
吃飯				
小交通				
大交通（上海郊區來回）				
其它／禮品				
小計				

此表格可自行影印剪下喔

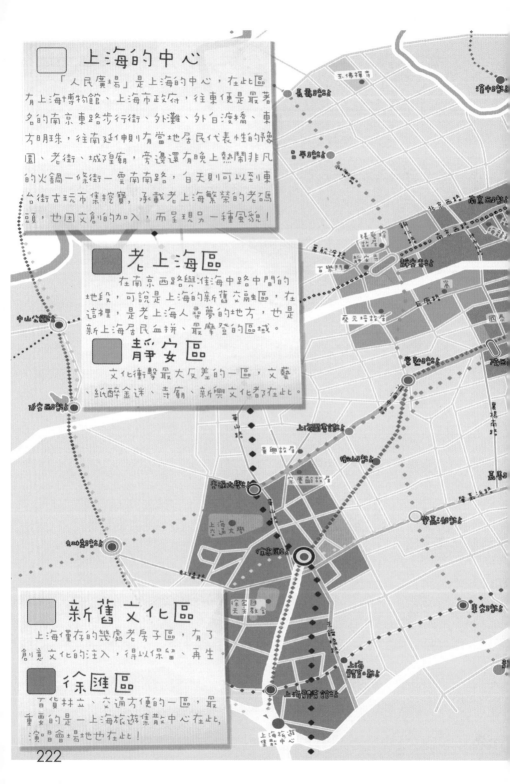

上海的中心

「人民廣場」是上海的中心，在此區有上海博物館、上海市政府，往東便是最著名的南京東路步行街、外灘、外白渡橋、東方明珠，往南延伸則有當地居民代表性的豫園、老街、城隍廟，旁邊還有晚上熱鬧非凡的火鍋一條街－雲南南路，白天則可以到東台街古玩市集挖寶，承載老上海繁榮的老碼頭，也因文創的加入，而呈現另一種風貌！

老上海區

在南京西路與淮海中路中間的地段，可說是上海的新舊交融區，在這裡，是老上海人尋夢的地方，也是新上海居民血拚、最摩登的區域。

靜安區

文化衝擊最大反差的一區，文藝、紙醉金迷、寺廟、新興文化都在此。

新舊文化區

上海僅存的幾處老房子區，有了創意文化的注入，得以保留、再生。

徐匯區

百貨林立、交通方便的一區，最重要的是一上海旅遊集散中心在此，演唱會場地也在此！

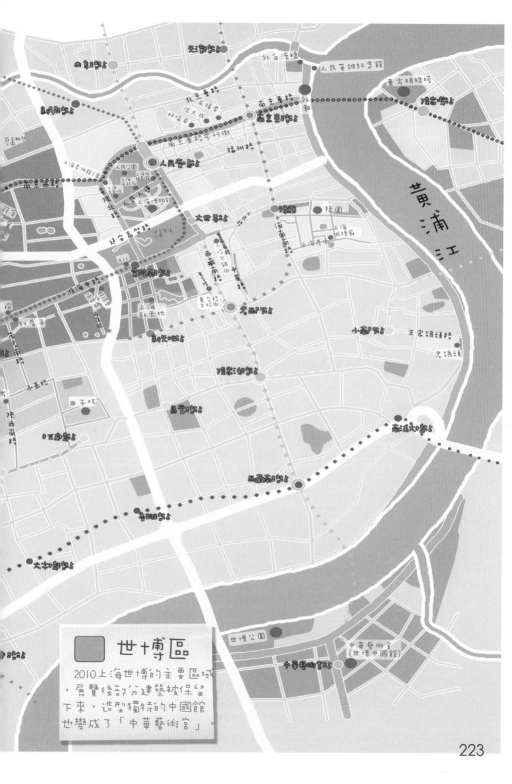

世博區

2010上海世博的主要區域，展覽後部分建築被保留下來，造型獨特的中國館也變成了「中華藝術宮」。

旅遊雲 03

出 版 者／雲國際出版社
作　　者／典馥眉,金城妹子
總 編 輯／張朝雄
封面設計／黃聖文
排版美編／YangChwen
內文插畫／金城妹子
內文校對／李韻如
出版年度／2014年3月

郵撥帳號／50017206 采舍國際有限公司
　（郵撥購買，請另付一成郵資）
台灣出版中心
地址／新北市中和區中山路2段366巷10號10樓
北京出版中心
地址／北京市大興區棗園北首邑上城40號樓2單
　　　元709室
電話／（02）2248-7896
傳真／（02）2248-7758

全球華文市場總代理／采舍國際
地址／新北市中和區中山路2段366巷10號3樓
電話／（02）8245-8786
傳真／（02）8245-8718

全系列書系特約展示／新絲路網路書店
地址／新北市中和區中山路2段366巷10號10樓
電話／（02）8245-9896
網址／www.silkbook.com

上海慢慢玩/典馥眉,金城妹子著. -- 初版.
-- 新北市：雲國際,
2014.03　　　面；　公分

ISBN 978-986-271-456-0 (平裝)
1.旅遊 2.上海市

672.096　　102025571